LE LIVRE D'OR

DE DANNY KHEZZAR

LE LIVRE D'OR

DE DANNY KHEZZAR

Photographies culinaires : **Claire Payen**

Stylisme culinaire : **Delphine Lebrun**

SOLAR

AVANT-PROPOS

Vous tenez dans vos mains mon premier livre de recettes, et j'en suis tout aussi surpris que vous ! Mon premier livre de recettes de cuisine à 27 ans ? Sheeeesh ! Si on m'avait prédit il y a encore quelques mois cette folie d'année 2023, je n'aurais pas voulu y croire ! Tout est allé très vite, très fort !

Cette année, je suis passé de la lumière des cuisines du Bayview avec le Chef Michel Roth, aux projecteurs des studios de Top Chef. Avec les rebondissements, les succès, les surprises, les rencontres, les amitiés et les déceptions auxquels vous avez tous assisté en direct.

Quel concours ! Excitant, fatigant, bouleversant ! J'ai adoré ce challenge où j'ai tout donné et qui m'a permis de montrer qui je suis, la cuisine qui me plaît, celle que je fais, sans compromis, technique et gourmande et toujours dans la passion.

La remontada de la Brigade cachée m'a fait perdre 5 kilos (que je dois encore retrouver) et m'a laissé heureux de réintégrer les quarts de finale, mais elle m'a surtout obligé à tirer une grande leçon : laisser de la place à mes émotions en cuisine. Et ça, je ne suis pas près de l'oublier !

S'en est suivie une vague de folie : en plus d'être nommé chef de cuisine au Bayview, il y a les interviews dans les médias, les réseaux sociaux qui explosent, le Quai 96, mon restaurant éphémère à Paris, un nouveau single des frères Bizzy (vous pensiez que j'allais oublier ma première passion ?), ce livre, et bien d'autres projets qui m'excitent et qui devraient vous plaire !

Je vous garde quelques surprises pour les mois à venir mais je vous partage avec plaisir toutes mes recettes !

Ces recettes, elles sont... créatives, ultra-gourmandes, parfois un peu exigeantes (c'est le problème avec les gros bosseurs autodidactes) mais j'ai aussi fait attention à ce qu'elles soient vraiment accessibles : j'ai détaillé toutes les étapes pour que vous puissiez vraiment les préparer à la maison, j'ai fait des suggestions d'ingrédients pour remplacer ceux qui seraient trop chers ou difficiles à trouver.

Il y a des recettes inspirées de mon enfance, de ma famille, des recettes cultes de ma participation à Top Chef (la fameuse entrée loupée de la finale... vous, vous pourrez la réussir chez vous !), des recettes que j'ai publiées sur mes réseaux mais aussi des recettes que je propose au Bayview. Je vous laisse piocher dans ce livre celles que vous voulez essayer !

Je suis très heureux de pouvoir vous partager ma cuisine. C'est aussi grâce à votre belle énergie que je réalise tout ça et je vous en remercie.

Bonne cuisine à tous ! Latino gang !!

som - mai - re

COMMEN

AU

com
- mence -
ment

- Pour moi, ces recettes ont le goût de **L'ENFANCE** ! -

Je me suis inspiré des recettes de famille ou de moments passés avec des personnes qui ont énormément compté dans mon enfance pour élaborer les miennes.

Ce sont parfois des recettes simples comme celle des chips de manioc, les fameux krupuk indonésiens ! Qui n'a pas mangé ces chips au resto chinois ? Évidemment, ma version est... un peu plus élaborée !

Il y a aussi des recettes-hommages comme celle de l'agneau couscous qui m'a été inspirée par le couscous que mon père nous préparait quand j'étais à Rosny. Mon père et ma mère cuisinent souvent ensemble et mon père adore aller au marché choisir ses produits, il fait très attention à la qualité des ingrédients. Mais je vous préviens, si vous voulez la faire, prévoyez du temps !

Il y aussi la tomate qui est une version sophistiquée de la tomate burrata que l'on mangeait en famille (ma mère est d'origine italienne donc on ne rigole pas avec la burrata chez nous !). Sans parler des donuts pomme de terre, qui sont régressifs comme des gnocchis à poêler !

La recette du poireau vinaigrette, c'est un hommage à mes grands-parents qui vivaient en Touraine à la campagne. Pour la tarte citron, qui est le dessert préféré de ma mère, je l'ai revue en lui apportant encore plus de croustillant avec le papier citron et un peu d'exotisme avec le goût du vinaigre de calamansi. Quant à la crème brûlée, c'est tout simplement mon dessert préféré alors je lui ai apporté deux ou trois p'tits trucs en plus qui manquaient à la recette classique hihi !

Pour
4 personnes

Préparation
20 minutes

Temps de cuisson
20 minutes

Temps de séchage
2 heures

INGRÉDIENTS

• Krupuk betterave
- 10 cl de jus de betterave
- 100 g de farine de manioc
- 2 g de sel

• Krupuk carotte
- 10 cl de jus de carotte
- 100 g de farine de manioc
- 2 g de sel

• Krupuk ail
- 10 cl d'eau
- 2 gousses d'ail
- 100 g de farine de manioc
- 2 g de sel

USTENSILES
- 3 plaques recouvertes de tapis de cuisson type Silpat®
- Un four vapeur
- Une friteuse

Chips de manioc Krupuk

POUR LE KRUPUK BETTERAVE

Dans un bol, mélangez au fouet le jus de betterave avec la farine et le sel.

POUR LE KRUPUK CAROTTE

Le déroulé de la préparation est identique. Dans un bol, à l'aide d'un fouet, mélangez le jus avec la farine et le sel.

POUR LE KRUPUK À L'AIL

Pelez l'ail. Mixez l'eau et l'ail puis mélangez avec la farine de manioc et le sel.

Préchauffez le four vapeur à 90 °C. Étalez chaque préparation sur la plaque recouverte du tapis de cuisson. Faites cuire 15 minutes au four vapeur.
Préchauffez le four classique à 70 °C et enfournez pour faire sécher pendant 2 heures.
À la sortie du four, cassez des morceaux de Krupuk des trois couleurs mais attention à ne pas les faire trop gros car ils vont tripler de volume lors de la friture.

Préchauffez la friteuse à 190 °C/200 °C. Plongez les morceaux dans la friture, ils vont gonfler instantanément. Retirez-les sans attendre la coloration. Déposez-les sur du papier absorbant pour retirer l'excès de gras.

« Les fameuses chips asiatiques
qui fondent sur la langue...
mais en mieux ! »

Pour
4 personnes

Préparation
20 minutes

Temps de cuisson
20 minutes

Temps de séchage
3 heures

INGRÉDIENTS

- 50 g de shiso grande feuille frais
- 400 g de petites perles de tapioca blanches
- 400 g d'eau

USTENSILES

- Un mixeur
- Une plaque recouverte d'un tapis de cuisson type Silpat®
- Une friteuse

« Ce tapioca soufflé ressemble à du corail ! Sublime pour accompagner un poisson de roche. »

Tapioca soufflé au shiso grande feuille

PRÉPARATION

Dans une casserole d'eau bouillante, faites cuire les feuilles de shiso pendant 2 minutes. Égouttez à l'écumoire et mixez jusqu'à l'obtention d'une pâte homogène.

Dans une casserole, mélangez les perles de tapioca et l'eau. Laissez cuire jusqu'à ce que l'eau soit totalement absorbée et que les perles soient translucides. Si besoin, rajoutez un petit peu d'eau.

Préchauffez le four à 70 °C.
Mélangez les perles avec la pâte de shiso.
Étalez sur la plaque recouverte du tapis de cuisson sans qu'aucune perle ne se superpose et faites sécher au four pendant 3 heures.

Une fois la grande tuile bien sèche, coupez-la en plusieurs morceaux.
Préchauffez la friteuse à 190 °C/200 °C et faites frire des morceaux de chips rapidement : dès qu'ils triplent de volume, ils sont cuits. Attention à ne pas plonger trop de morceaux d'un coup dans votre friteuse.

Pour
4 personnes

Préparation
4 heures

Temps de cuisson
12 heures

Temps de séchage
12 heures

INGRÉDIENTS

- ½ selle d'agneau parée et préparée par votre boucher
- 4 côtelettes d'agneau
- 1 citron caviar (ou quelques quartiers de citron vert)
- 10 g de beurre
- 1 branche de thym
- 1 gousse d'ail

• Bouillon tajine

- 1 aubergine
- 1 navet
- 1 pomme de terre
- 1 poivron
- 1 tomate
- 1 oignon blanc
- 1 gousse d'ail
- 1 carotte
- ½ poireau
- ½ branche de céleri
- 20 g de cannelle en poudre
- 20 g de cumin en poudre
- 20 g de ras el-hanout
- 70 g de concentré de tomate
- 1 l d'eau
- Sel, poivre

• Raviole transparente

- 15 g de fécule de maïs
- 10 g de glycérine alimentaire (végétale en magasin bio)
- 1,5 g de lécithine de soja
- 290 g d'eau

• Jus d'agneau

- 1 grosse échalote
- 1 kg de parures d'agneau (à demander à votre boucher)
- 20 g de beurre clarifié
- 1 gousse d'ail
- 1 branche de thym frais
- 250 g de beurre
- 50 cl de vin rouge
- 1 l d'eau
- 2 branches de romarin

• Houmous

- 100 g de pois chiches cuits
- Le jus de ½ citron
- 25 g de tahini (pâte de sésame)

Agneau, couscous, raviole transparente

La veille, préparez le bouillon tajine, la selle d'agneau et la raviole transparente.

POUR LE BOUILLON TAJINE

Pelez la pomme de terre, l'oignon, l'ail et la carotte. Coupez tous les légumes en gros morceaux. Dans une sauteuse, faites suer les légumes puis ajoutez le concentré de tomate et les épices. Ajoutez l'eau, laissez cuire à couvert pendant 4 heures.
En fin de cuisson, passez le bouillon au chinois et conservez les légumes à part. Salez, poivrez.

POUR LA SELLE D'AGNEAU

Placez-la dans une sauteuse et recouvrez-la de bouillon tajine. Faites confire à feu doux pendant 12 heures. Une fois bien confite, retirez-la du bouillon puis enroulez-la sur elle-même pour former un boudin de 6 cm de diamètre environ. Filmez et laissez au frais.

POUR LA RAVIOLE TRANSPARENTE

Versez la glycérine, la fécule et la lécithine ensemble dans un cul de poule. Mélangez avec l'eau petit à petit pour éviter les grumeaux. Passez au chinois étamine et faites chauffer 5 minutes à la casserole à feu doux. Passez au chinois une seconde fois pour éviter les grumeaux et les bulles, et versez sur le tapis de cuisson. Étalez finement avec une spatule et faites sécher au four à 70 °C pendant 12 heures.

- 25 g de purée de cacahuètes à 100 %
- Sel, poivre

• Salsa verde
- 10 g d'anchois
- 10 g de moutarde douce
- ¼ de botte de persil
- ¼ de botte de menthe
- ¼ de botte de ciboulette
- ¼ de botte de basilic
- 6 cl d'huile d'olive
- 5 g de gomme de xanthane
- De l'eau

• Viennoise au thym
- ½ échalote
- ½ gousse d'ail
- 25 g de thym séché
- 17 g de chapelure japonaise panko
- 17 g de poudre d'amandes
- 17 g de beurre en pommade

• Purée de carottes
- 100 g de carottes
- 40 g de beurre
- 1 oignon
- 4 graines de cardamome
- 5 cl de bouillon de volaille

• Billes tajine
- 10 cl d'huile de pépins de raisin
- 100 g de bouillon tajine
- 1 g d'agar-agar

• Tapioca
- 150 g de perles de tapioca
- 1 gousse d'ail
- 1 branche de thym frais
- De l'eau

USTENSILES
- Un chinois étamine
- Film alimentaire
- Un tapis de cuisson type Silpat®
- Un mixeur
- Un emporte-pièce rond de la taille du boudin de selle d'agneau réalisé lors de la recette
- Une pipette pour faire les billes tajine
- Un fer à lisser de coiffeur

« Hommage au couscous de mon enfance préparé par mon père ! »

Le jour même, faites les autres préparations.

POUR LE JUS D'AGNEAU

Pelez et émincez l'échalote. Dans une sauteuse, faites colorer les parures d'agneau à feu vif avec le beurre clarifié puis ajoutez l'échalote, l'ail, le thym et le beurre frais. Laissez bien colorer puis retirez les parures et déglacez avec le vin rouge, et faites flamber.
Replacez les parures dans la sauteuse, ajoutez l'eau et laissez cuire au minimum 3 heures à feu doux.
Passez le jus au chinois, versez-le dans une casserole, ajoutez le romarin et laissez réduire à feu moyen pour obtenir une consistance nappante.

POUR LE HOUMOUS

Mixez les pois chiches, avec un peu de sel et de jus de citron. Ajoutez le tahini et la purée de cacahuètes, mixez à nouveau. Réservez au frais.

POUR LA SALSA VERDE

Mixez les anchois avec la moutarde. Ajoutez les herbes et mixez avec un peu d'huile d'olive jusqu'à l'obtention d'une sauce légèrement grumeleuse (veillez à ce que la préparation ne chauffe pas trop).
Ajoutez la poudre de xanthane et quelques cuillères d'eau froide. Mixez à nouveau pour obtenir la consistance d'une mayonnaise. Réservez au frais.

Agneau, couscous, raviole transparente

POUR LA VIENNOISE AU THYM

Pelez l'échalote et l'ail. Mixez-les avec le thym séché et la chapelure japonaise panko. Mélangez avec le beurre pommade et la poudre d'amandes.
Étalez sur un papier sulfurisé et taillez quatre cercles du même diamètre que le boudin de selle d'agneau.

POUR LA PURÉE DE CAROTTES

Pelez et taillez les carottes grossièrement. Dans une casserole, faites fondre le beurre, ajoutez l'oignon et faites suer sans coloration, puis ajoutez les carottes. Ajoutez le fond de volaille et les graines de cardamome. Laissez cuire à feu moyen et à couvert jusqu'à ce que les carottes soient fondantes.
Une fois les carottes cuites, découvrez et laissez réduire à sec. Retirez les graines de cardamome et mixez les carottes en purée.

POUR LES BILLES TAJINE

Versez l'huile dans un cul de poule.
Versez le bouillon dans une petite casserole et portez-le à ébullition. Ajoutez l'agar-agar, donnez un bouillon puis retirez du feu.
Avec la pipette ou une seringue, versez le bouillon petit à petit dans l'huile froide pour former les billes.

POUR LE TAPIOCA

Faites cuire le tapioca dans de l'eau en remuant continuellement avec l'ail et le thym. Puis égouttez, retirez l'ail et le thym et réservez.

POUR LE DRESSAGE

Pour former et garnir la raviole transparente, faites chauffer le fer à lisser. Taillez 4 carrés dans la raviole. Repliez-les en deux pour former des triangles. Soudez un coté des triangles avec le fer à lisser. Répartissez les billes de tajine, les graines de 1 quartier de citron caviar par raviole et quelques gouttes d'huile dans les ravioles. Refermez à l'aide du fer à lisser.

Faites colorer les côtelettes au beurre dans une poêle bien chaude avec l'ail et le thym.
Taillez la selle d'agneau en quatre tranches comme des palets. Réchauffez-les dans le jus d'agneau. Déposez un cercle de viennoise sur chaque palet de selle d'agneau.

Dressez en disposant une côtelette et une raviole par assiette. Ajoutez des traits de salsa verde, de purée de carottes, et de houmous à la poche à douille.
Dressez les billes de tapioca en cercle dans chaque assiette, disposez quelques billes tajine par-dessus.

Pour
4 personnes ou 4 donuts

Préparation
1 heure

Temps de cuisson
2 heures environ

INGRÉDIENTS

• Pâte à donuts
- 300 g de pommes de terre
- 2 œufs
- 65 g de farine
- 35 g de lait

• Filaments de pomme de terre
- 300 g de pommes de terre
- Du foin

USTENSILES
- Un moulin à légumes
- Une plaque à donuts en Inox
- Une bombe de graisse
- Une poche à douille
- Un four vapeur
- Un tapis de cuisson type Silpat®
- Film alimentaire
- Une dérouleuse à légumes
- Un bac en Inox avec couvercle hermétique
- Une friteuse

Donuts de pomme de terre

POUR LA PÂTE DES DONUTS

Préchauffez le four à 180 °C. Faites cuire les pommes de terre avec leur peau au four. Elles sont cuites lorsque la lame d'un couteau s'enfonce sans résistance jusqu'au milieu (comptez 1 heure à 1 h 30).
Retirez la peau des pommes de terre et passez la chair au moulin à légumes. Dans un cul de poule, mélangez 250 g de chair de pomme de terre avec la farine puis mélangez avec les œufs battus et le lait.

Graissez la plaque à donuts à la bombe puis garnissez les alvéoles de pâte à hauteur.
Préchauffez le four vapeur à 90 °C. Filmez la plaque et faites cuire au four 30 minutes à 90 °C.
Démoulez à chaud et mettez les donuts au réfrigérateur avec un linge humide dessus, jusqu'à refroidissement complet.

POUR LES FILAMENTS DE POMME DE TERRE

Pelez les pommes de terre. Préchauffez le four vapeur à 90 °C.
À l'aide de la dérouleuse à légumes, réalisez de très fins filaments de pomme de terre. Enroulez ces fils délicatement autour des donuts cuits et refroidis. Placez les donuts sur un tapis de cuisson puis enfournez pour 5 minutes.

Dans le bac en Inox, placez le foin et les donuts sans qu'ils puissent se toucher.
Enflammez le foin et fermez hermétiquement le bac, laissez fumer 10 minutes.
Préchauffez la friteuse à 140 °C puis faites frire les donuts jusqu'à ce qu'ils soient joliment dorés.

« Les gnocchis à poêler de la gastronomie ! »

Pour
4 personnes

Préparation
2 heures

Temps de cuisson
1 heure

Temps de repos
48 heures

LA RECETTE EN VIDÉO

INGRÉDIENTS

- 4 tomates grappe
- 10 morceaux de neige carbonique

• Sorbet tomate

- 150 g de tomates confites à l'huile
- 75 g de coulis de tomate
- 50 g de sucre roux
- 7 g de vinaigre de calamansi
- 2 g de super neutrose (stabilisant en magasin spécialisé de cuisine)
- 33 g de glucose atomisé

• Poudre de tomates

- 50 g de tomates confites à l'huile ou séchées

• Eau de tomate

- 2 tomates bien mûres
- 1 pincée de sel

• Caramel de tomate

- 150 g de sucre
- 50 g de miel
- 50 g de vinaigre balsamique blanc
- 1,5 l de jus de citron
- 75 g de ketchup

• Siphon mozzarella vanille

- 2 gousses de vanille
- 50 g de lait
- 25 g de crème liquide
- 33 g de mozzarella
- ¼ de botte de basilic

Tomate

48 heures avant, préparez le sorbet tomate.

Dans une casserole, versez tous les ingrédients du sorbet. Portez à ébullition puis retirez du feu. Mixez le tout, passez le sorbet à la sorbetière puis laissez reposer la préparation 48 heures au congélateur. Si vous n'avez pas de sorbetière, laissez la préparation telle quelle au congélateur, sortez-la 15 minutes avant le dressage puis mixez-la.

La veille, commencez à préparer les falafels et la poudre de tomates.

POUR LES FALAFELS

Hydratez les pois chiches et les fèves pendant 24 heures dans une grande quantité d'eau froide.

POUR LA POUDRE DE TOMATES

Faites sécher les tomates 24 heures au four à 70 °C. Mixez les tomates lorsqu'elles sont sèches.

Le matin même, faites l'eau de tomate et le caramel de tomate.

POUR L'EAU DE TOMATE

Mondez les tomates dans l'eau bouillante puis mixez-les avec le sel. Filtrez ce mélange dans une passoire couverte d'une étamine de coton fin. Pressez et laissez s'égoutter pour récupérer 75 ml d'eau de tomate.

- **Sablé agrume**
- 62 g de farine
- 3 g de fleur de sel
- 25 g de sucre glace
- 1 citron
- 30 g de beurre froid

- **Huile de basilic**
- 1 botte de basilic
- 25 cl d'huile de pépins de raisin

- **Crème de basilic**
- 1 botte de basilic
- 50 g d'épinards frais
- 150 g de crème épaisse

- **Crème de tomate**
- 100 g de tomates confites à l'huile

- **Falafels basilic**
- 100 g de pois chiches secs
- 100 g de fèves sèches
- 50 g de basilic frais
- 5 g de bicarbonate de soude

- **Farce de tomates**
- 100 g de tomates cerises de couleur
- 25 g de pignons de pin
- 10 g d'huile basilic
- 150 g de stracciatella

- **Sublimation**
- 100 g de sirop de sucre de canne
- 200 g d'eau
- 4 g de sucro (ou sucroester, en magasin spécialisé de cuisine, par exemple sous la marque Sosa®)
- 25 g de caramel de tomate

USTENSILES
- Un mixeur
- Une sorbetière ou une turbine à glace
- Une plaque recouverte d'un tapis de cuisson type Silpat®
- Un petit emporte-pièce rond
- Un siphon et 2 cartouches
- Un robot mixeur chauffant type Thermomix® ou un thermomètre de cuisine allant à 70 °C
- Une friteuse

POUR LE CARAMEL DE TOMATE

Versez le sucre et le miel dans une casserole, faites chauffer à feu moyen jusqu'à l'obtention d'un caramel. Déglacez avec le vinaigre et le jus de citron, puis ajoutez le ketchup et mélangez.
Faites réduire le mélange à feu doux, jusqu'à l'obtention d'un caramel épais puis réservez.

Le jour même, faites les autres préparations.

POUR LES TOMATES

Mondez et videz les tomates. Salez l'intérieur, retournez-les et badigeonnez-les de caramel de tomate, puis laissez s'égoutter à l'envers sur une grille fine pour qu'elles perdent un peu d'eau.

POUR LE SIPHON MOZZARELLA

Préchauffez le four à 180 °C.
Faites torréfier les gousses de vanille fermées au four pendant 10 à 15 minutes.
Dans une casserole, faites bouillir le lait, la crème, la mozzarella ainsi que les gousses de vanille brûlée coupées dans la longueur.
Retirez les gousses de vanille, mixez le tout avec le basilic. Versez dans le siphon, avec 2 cartouches.

POUR LE SABLÉ AGRUME

Préchauffez le four à 160 °C.
Dans un cul de poule, mélangez la farine, le sel et le sucre glace. Ajoutez le zeste et le jus du citron et le beurre froid coupé en morceaux. Sablez entre vos mains puis travaillez jusqu'à obtenir un mélange homogène. Étalez finement puis détaillez de petits cercles. Placez sur le tapis de cuisson et faites cuire pendant 20 à 25 minutes.

POUR L'HUILE DE BASILIC

Réglez le Thermomix® sur 70 °C, versez l'huile et le basilic dans la cuve. Mixez pendant 15 minutes, puis passez au chinois étamine pour retirer les fibres. Si vous n'avez pas de Thermomix®, faites chauffer l'huile à 70 °C et versez-la dans le bol d'un mixeur sur le basilic, puis mixez 5 minutes et passez au chinois étamine.

Tomate

POUR LA CRÈME DE BASILIC

Dans une casserole d'eau bouillante salée, plongez le basilic, faites cuire 4 minutes puis retirez avec une écumoire. Dans la même eau, faites cuire les épinards 8 minutes puis égouttez à l'écumoire.
Mixez la crème, le basilic et les épinards au mixeur plongeant.

POUR LA CRÈME DE TOMATE

Mixez les tomates confites.

POUR LES FALAFELS BASILIC

Dans une casserole d'eau bouillante, faites cuire le basilic 4 minutes et refroidissez-le dans une eau glacée. Au mixeur, mixez finement le basilic puis ajoutez les pois chiches et les fèves réhydratés, et la farine.
Façonnez des boules et faites-les frire dans une huile à 180 °C, jusqu'à l'obtention d'une belle croûte marron.

POUR LA FARCE DE TOMATES

Préchauffez le four à 160 °C. Coupez les tomates de couleur en petits cubes.
Répartissez les pignons de pin sur la plaque du four et faites-les torréfier 5 à 10 minutes.
Assaisonnez la stracciatella avec l'huile de basilic.

POUR LA SUBLIMATION

Mélangez tous les ingrédients jusqu'à l'obtention d'un liquide homogène, ajoutez quelques morceaux de neige carbonique.

POUR LE DRESSAGE

Dans le fond de chaque tomate au caramel, mettez la farce de tomates, puis la crème de tomate. Fermez la tomate en posant un petit sablé agrume. Retournez les tomates et lustrez-les avec encore un peu de caramel de tomate.
Saupoudrez les falafels de poudre de tomates et faire des traits de crème de tomate et de crème de basilic.
Servez avec la sublimation et le sorbet tomate recouvert d'un peu de siphon mozzarella.

Pour
4 personnes

Préparation
1 heure

Temps de cuisson
5 heures

Temps de repos
24 heures

INGRÉDIENTS

- **Pickles de pistils de courgette**
  - 150 g d'eau
  - 100 g de vinaigre balsamique blanc ou de cidre
  - 50 g de sucre
  - 4 pistils de courgettes
- **Chips fleur de courgette**
  - 1 blanc d'œuf
  - 1 feuille de gélatine
  - 10 cl d'eau
  - 4 fleurs de courgette
- **Ratatouille**
  - 200 g de courgettes
  - 100 g de poivrons
  - 100 g d'aubergines
  - 150 g de tomates
  - 10 g d'ail
  - 50 g d'oignons
  - 2 brins de thym
  - ¼ de botte de basilic
  - Huile d'olive pour la cuisson
- **Crème de foin brûlé**
  - 20 cl de crème liquide
  - 10 cl de crème épaisse
  - 50 g de foin
- **Huile de basilic**
  - 10 cl d'huile de pépins de raisin
  - ¼ de botte de basilic
  - ¼ de botte de basilic thaï
- **Purée de courgettes grillées**
  - 250 g de courgettes vertes
  - 15 g d'ail
  - 5 g d'huile d'olive

USTENSILES

- Un bac en Inox avec couvercle
- Un thermomètre de cuisine allant jusqu'à 140 °C
- Une plaque recouverte d'un tapis de cuisson type Silpat®

Fleurs de courgette

La veille, préparez les pickles de pistils.

Dans une casserole, faites bouillir l'eau, le vinaigre et le sucre. Versez le liquide chaud sur les pistils entiers et laissez-les au moins 24 heures au réfrigérateur.

Le jour même, faites les autres préparations.

POUR LES CHIPS FLEUR DE COURGETTE

Réhydratez la gélatine dans un grand volume d'eau froide, puis égouttez-la. Faites bouillir les 10 cl d'eau dans une casserole. Hors du feu, ajoutez la gélatine et mélangez bien. Laissez refroidir 5 minutes puis ajoutez le blanc d'œuf.
Préchauffez le four ou un déshydrateur à 60 °C. Sur un Silpat®, étalez les fleurs de courgette et à l'aide d'un pinceau, badigeonnez du mélange d'œuf et d'eau gélifiée. Faites sécher pendant 5 heures au four.

POUR LA RATATOUILLE

Taillez tous les légumes en brunoise, hachez l'ail et ciselez l'oignon.
Faites revenir tous les légumes séparément pendant 4 à 5 minutes dans une poêle avec de l'huile d'olive. Puis mélangez tous les légumes.

POUR LA CRÈME DE FOIN BRÛLÉ

Enflammez le foin dans le bac en Inox, ajoutez les crèmes et laissez infuser 10 minutes à couvert. Puis passez au chinois.

POUR L'HUILE DE BASILIC

Faites chauffer l'huile dans une casserole à 140 °C. Mettez les herbes dans la cuve du mixeur. Versez l'huile chaude sur les herbes et mixez pendant 5 minutes à vitesse maximum. Passez l'huile au chinois étamine pour retirer les brins d'herbe.

POUR LA PURÉE DE COURGETTES GRILLÉES

Taillez grossièrement les courgettes, puis faites-les colorer dans une poêle avec l'huile d'olive. Ajoutez l'ail écrasé et laissez cuire jusqu'à ce que les courgettes soient fondantes.
Mixez le tout et reversez dans la poêle pour dessécher cette purée à feu moyen.

POUR LE DRESSAGE

Mélangez la ratatouille avec un petit peu de purée de courgettes. Farcissez les 4 fleurs de courgette avec la ratatouille. Faites cuire les fleurs de courgette à feu très doux dans une poêle avec un filet d'huile d'olive et une goutte d'eau.
Dans le fond de chaque assiette creuse, faites un gros point de purée de courgettes. Déposez la fleur de courgette farcie cuite dessus. Sur le sommet, posez un pickles de pistil.
Entourez avec des chips fleur de courgette.
Dans un petit récipient à côté, déposez la crème de foin brûlée et faites perler l'huile de basilic dedans.

LA CITÉ

_ Au départ, **j'assumais pas** de dire aux gars de **la cité** que je faisais la cuisine parce que ça fait pas rêver, mais en fait je me suis rendu compte que pour eux aussi ça compte, **ils adorent manger** ! _

Pour
4 personnes

Préparation
20 minutes

Temps de repos
2 heures

INGRÉDIENTS

- **Yaourt fumé à l'ail**
  - 2 gousses d'ail
  - 150 g de yaourt grec
  - 1 pincée de sel fumé

- **Tagliatelles transparentes**
  - 1 concombre
  - 2 feuilles de gélatine
  - 1 branche de menthe
  - Quelques gouttes d'huile d'olive
  - Sel, poivre

USTENSILES

- Une poche à douille
- Une centrifugeuse
- Une petite plaque en Inox plate avec rebords
- Un petit emporte-pièce rond de 8 mm ou une douille numéro 8

Tzatzíki transparent

POUR LE YAOURT

Pelez et hachez l'ail. Mélangez le yaourt avec l'ail et le sel fumé.
Mettez la moitié de la préparation dans une poche à douille et l'autre moitié au congélateur en bloc pendant 2 heures.

POUR LES TAGLIATELLES TRANSPARENTES

Épluchez le concombre et réservez la peau pour les cercles de peau de concombre. Réhydratez la gélatine dans une grande quantité d'eau froide.
Passez la chair de concombre à la centrifugeuse avec la menthe. Récupérez 100 g d'eau de concombre. Versez 10 g d'eau de concombre dans une petite casserole, faites bouillir et ajoutez la gélatine essorée, mélangez bien puis ajoutez le reste de l'eau dans la casserole et mélangez à nouveau.
Étalez ce mélange dans la plaque sur une épaisseur de 2 mm et réservez 1 heure au réfrigérateur. Lorsque l'eau de concombre est bien figée, taillez de fines tagliatelles de concombre de 1 cm de largeur environ.

POUR LES CERCLES DE PEAU DE CONCOMBRE

Mettez la peau de concombre épluchée dans un bol, ajoutez le sel, laissez-la pendant 5 minutes, puis rincez-la bien. Taillez de petits cercles de peau à l'emporte-pièce. Assaisonnez avec quelques gouttes d'huile d'olive, du sel et du poivre.

POUR LE DRESSAGE

Répartissez les tagliatelles transparentes de concombre dans les assiettes. Déposez quelques cercles de peau de concombre. Assaisonnez. Avec la poche à douille, faites quelques points de yaourt et râpez le yaourt congelé sur le dessus.

« ... La fameuse recette de l'élimination, comme j'aurais aimé la faire avec plus de temps ! »

Pour
4 personnes

Préparation
45 minutes

Temps de cuisson
30 minutes

Temps de repos
4 heures

INGRÉDIENTS

- **Jaunes confits**
  - 4 œufs
  - 100 g de gros sel

- **Poireaux confits**
  - 4 poireaux
  - 200 g de beurre doux
  - 1 branche de thym frais
  - 1 gousse d'ail
  - 20 g de foin

- **Échalote confite**
  - 4 échalotes
  - 40 cl de vin blanc
  - 20 cl de vinaigre blanc

- **Ragoût jaune et blanc**
  - ½ botte de ciboulette
  - ½ botte de basilic thaï
  - 15 g de cerneaux de noix
  - 4 œufs
  - 2 c. à s. d'huile de noix

- **Purée de blancs de poireau**
  - 2 blancs de poireaux

- **Croûtons**
  - 4 tranches de pain de mie
  - 60 g de beurre demi-sel

- **Vinaigrette**
  - 200 g de crème épaisse
  - 20 g de foin

USTENSILES

- Un four vapeur
- Une machine à mettre sous vide
- Un bac ou une plaque en Inox avec un couvercle hermétique
- Un chalumeau
- Un grand tamis
- Du papier absorbant
- Un emporte-pièce de 8 cm de diamètre pour le dressage

Poireau vinaigrette

POUR LES JAUNES CONFITS

Sur une plaque, déposez 100 g de gros sel.
Cassez les œufs délicatement pour séparer les blancs des jaunes. Conservez quatre demi-coquilles. Replacez chaque jaune dans une demi-coquille puis calez-la dans le gros sel. Placez au congélateur pendant au moins 4 heures. Retirez-les du congélateur et conservez-les au réfrigérateur jusqu'au service.

POUR LES POIREAUX CONFITS

Remplissez un sac sous vide avec les poireaux entiers, le beurre, le thym et l'ail pelé.
Préchauffez le four vapeur à 90 °C. Faites cuire sous vide à la vapeur pendant 30 minutes.
Sur la plaque en Inox, déposez d'un côté les poireaux confits et de l'autre le foin. Faites brûler le foin à l'aide d'un chalumeau et recouvrez la plaque hermétiquement pendant 10 minutes.

POUR L'ÉCHALOTE CONFITE

Pelez et ciselez les échalotes.
Faites chauffer avec le vinaigre et le vin blanc puis laissez réduire à sec à feu doux jusqu'à obtenir une sauce épaisse et brillante au fond de la casserole.

POUR LE RAGOÛT JAUNE ET BLANC

Ciselez finement la ciboulette et hachez finement le basilic thaï. Concassez les cerneaux de noix.
Faites cuire les œufs dans de l'eau bouillante pendant 10 minutes, rafraichissez-les sous l'eau froide puis écalez-les. Passez séparément au tamis les jaunes et les blancs cuits. Mélangez-les avec l'huile, les herbes ciselées, et les noix concassées.

« En souvenir du classique poireau vinaigrette de mes grands-parents à la campagne. »

Poireau vinaigrette

POUR LA PURÉE DE BLANCS DE POIREAU

Faites cuire les blancs de poireau dans une grande casserole d'eau bouillante salée, jusqu'à ce qu'ils soient fondants. Égouttez puis mixez les blancs cuits. Garnissez une poche à douille de cette purée.

POUR LES CROÛTONS

Retirez la croûte du pain et taillez des cubes de 5 mm de côté.
Faites fondre le beurre dans une poêle et ajoutez les cubes de pain. Faites colorer les croûtons dans le beurre puis débarrassez-les sur une plaque recouverte de papier absorbant.

POUR LA VINAIGRETTE

Dans le bac en Inox, faites brûler le foin au chalumeau puis versez la crème épaisse dessus et laissez infuser en fermant le bac hermétiquement pendant 5 minutes. Filtrez la crème au chinois.

POUR LE DRESSAGE

Taillez des tronçons de poireaux de la même hauteur. Dans l'emporte-pièce, déposez les tronçons de poireau et retirez les couches intérieures pour ne garder que le pourtour de 2 mm de fibres.
Garnissez la moitié des tronçons de poireau avec les échalotes confites et l'autre moitié avec le ragoût.
Au centre, déposez de la vinaigrette et recouvrez avec un jaune d'œuf confit. Faites des points de purée de blancs de poireau tout autour du jaune confit.
Déposez quelques croûtons dans l'assiette.

STUDIO

_ Avec Vince on s'est retrouvés en **studio** pour les **Frères Bizzy** grâce à un grand de notre cité qui était rappeur et qui nous a payé notre première séance d'enregistrement. _

Pour
4 personnes

Préparation
30 minutes

Temps de cuisson
30 minutes

Temps de repos
3 heures

INGRÉDIENTS
- 1 combawa
- 20 cl de rhum brun arrangé

• Crème brûlée
- 40 cl de lait
- 1 gousse de vanille
- 80 g de sucre
- 4 jaunes d'œufs

• Billes de pomme
- 2 pommes
- 2 brins d'aneth
- 60 g de sucre
- 40 g de vinaigre de cidre
- Le jus de 1 citron vert

• Barbe à papa
- 2 c. à s. de sucre

USTENSILES
- Un four vapeur
- Une cuillère à pomme parisienne de 5 mm de diamètre
- Une machine à barbe à papa
- Une râpe Microplane®

Barbe à papa crème brûlée

POUR LA CRÈME BRÛLÉE

Dans une casserole, faites bouillir le lait avec la gousse de vanille fendue.
Préchauffez le four vapeur à 160 °C.
Dans un cul de poule, battez énergiquement les jaunes d'œufs et le sucre, jusqu'à ce qu'ils blanchissent puis versez le lait chaud sur les œufs. Versez dans quatre assiettes creuses et faites cuire au bain-marie 30 minutes. La crème brûlée doit avoir l'aspect d'un flan, réservez 3 heures au réfrigérateur.

POUR LES BILLES DE POMME

À l'aide de la cuillère à pomme parisienne, découpez des billes. Hachez l'aneth très finement.
Faites chauffer le sucre à sec dans une casserole à feu moyen jusqu'à ce qu'il devienne du caramel. Déglacez avec le vinaigre de cidre.
Versez le caramel chaud sur les billes de pomme, laissez pendant 15 minutes, puis égouttez à l'écumoire. Mélangez les billes de pomme, avec le jus de citron et l'aneth hachée. Laissez refroidir.

POUR LA BARBE À PAPA

Préparez la barbe à papa selon le mode d'emploi de la machine.

POUR LE DRESSAGE

Répartissez des billes de pomme froides sur les crèmes brûlées. Recouvrez de barbe à papa. Râpez le combawa à la Microplane® sur la barbe à papa.
Faites chauffer le rhum dans une petite casserole puis faites-le flamber. Versez le rhum en feu sur la barbe à papa au moment du service.

« Ma recette de l'épreuve "Faites-moi fondre" de la Brigade cachée et ma victoire contre Albane. »

Pour
4 personnes

Préparation
50 minutes

Temps de cuisson
1 heure

Temps de repos
24 heures

INGRÉDIENTS
- 1 poignée de grosses moules
- Un peu d'huile de pépins de raisin pour les lustrer

• Glace verveine
- 50 g de jaunes d'œufs
- 50 g de sucre
- 125 g de lait entier
- 125 g de crème liquide
- 1 gousse de vanille
- 8 g de verveine fraîche

• Pâte à fausse moule
- 330 g de farine
- 125 g de beurre
- 40 g d'œuf entier
- 40 g d'eau
- 40 g d'encre de seiche
- 7 g de sel

• Farce de pomme
- 2 pommes reine de Reinette ou Golden
- 25 g de beurre
- 30 g de sucre
- 20 g de vinaigre balsamique
- 1 pincée de cannelle

• Pralin pistache
- 100 g de pistaches
- 50 g de sucre
- 25 g d'huile de pépins de raisin

• Pomme confite
- 40 g de sucre
- 2 cl de vinaigre de cidre
- 10 cl de jus de pomme
- 1 pomme
- 1 anis étoilé
- 1 bâton de cannelle

• Émulsion de lait
- 10 cl de lait entier
- 1 pointe de couteau de grains de vanille
- 1 bâton de cannelle

USTENSILES
- Une sorbetière ou une turbine à glace
- Un mixeur
- Une plaque de cuisson recouverte de papier sulfurisé
- Un mixeur plongeant
- Un emporte-pièce rond de 3 cm de diamètre

Moules tatin

La veille, préparez la glace à la verveine.

Fouettez énergiquement les jaunes d'œufs et le sucre, jusqu'à ce qu'ils blanchissent. Coupez la gousse de vanille dans la longueur et grattez les grains.
Versez le lait, la crème, la gousse, les grains de vanille et la verveine dans une casserole. Faites chauffer jusqu'à frémissement et laissez infuser. Retirez la gousse et versez le liquide chaud sur les œufs blanchis, puis faites cuire comme une crème anglaise à feu doux, jusqu'à ce que le mélange nappe la spatule. Retirez du feu et laissez refroidir complètement.
À froid, mixez la préparation avec les feuilles de verveine, puis passez à la sorbetière et laissez 24 heures au congélateur. Pour que la glace soit très onctueuse, si vous n'avez pas de sorbetière, laissez la glace 15 minutes dehors avant le dressage et mixez-la.

Le jour même, faites les autres préparations.

POUR LES COQUILLES DE MOULES

Nettoyez et grattez les coquilles de moules. Retirez les barbes et faites cuire les moules à l'étouffée avec un peu d'eau, pendant 15 minutes à couvert puis retirez du feu.
Récupérez les coquilles et rincez-les bien puis graissez-les au pinceau avec l'huile de pépins de raisin. Réservez les moules pour d'autres préparations.

Moules tatin

POUR LA PÂTE À FAUSSE MOULE

Préchauffez le four à 160 °C.
Dans un batteur muni d'une feuille, mélangez la farine et le beurre puis ajoutez l'œuf , l'eau, le sel et l'encre de seiche. Étalez finement la pâte au rouleau sur 1 à 2 mm d'épaisseur. Détaillez des morceaux de pâte à la taille des moules. Appuyez légèrement la pâte contre la moule pour lui faire prendre sa forme.
Retirez l'excédent de pâte qui dépasse des moules au couteau.
Faites cuire 15 minutes au four. Une fois les coquilles légèrement refroidies, séparez les moules de la pâte.

POUR LA FARCE DE POMME

Taillez les pommes en brunoise de 3 mm. Faites revenir les pommes dans une poêle avec le beurre et le sucre, colorez légèrement. Déglacez avec le vinaigre balsamique puis ajoutez la cannelle, mélangez et laissez refroidir.

POUR LE PRALIN PISTACHE

Préchauffez le four à 160 °C. Placez les pistaches sur la plaque de cuisson recouverte de papier sulfurisé et laissez-les torréfier 5 à 7 minutes au four. Puis laissez refroidir hors du four.
Versez le sucre dans une casserole et laissez chauffer à feu moyen jusqu'à ce que le sucre caramélise. Versez ce caramel sur les pistaches. Placez au congélateur 1 heure puis, puis mixez avec l'huile.

POUR LA POMME CONFITE

Versez le sucre dans une casserole, faites-le chauffer à sec à feu moyen jusqu'à ce qu'il devienne du caramel. Déglacez avec le vinaigre et le jus de pomme puis ajoutez l'anis et la cannelle.
Épluchez la pomme et réalisez 4 tranches épaisses de 2 à 3 cm, retirez le cœur et les pépins avec le petit emporte-pièce de 3 cm. Placez-les dans le caramel et faites cuire à feu doux à couvert pendant 30 minutes jusqu'à ce que les pommes soient confites.

POUR L'ÉMULSION DE LAIT

Faites chauffer le lait avec les grains de la gousse de vanille et la cannelle jusqu'à ébullition. Retirez du feu et retirez le bâton de cannelle. Émulsionnez le lait à l'aide d'un mixeur plongeant.

POUR LE DRESSAGE

Dans le fond de chaque assiette, placez une tranche de pomme confite et en son centre une boule de glace verveine. Recouvrez avec l'émulsion de lait et déposez une fausse demi-moule par-dessus.
Garnissez la demi-moule avec du pralin pistache et de la farce de pomme. Recouvrez avec une autre fausse demi-coquille de moule.

À L'ÉCOLE

_ **À l'école** j'étais une boule d'énergie incontrôlable, j'avais des facilités mais je faisais n'importe quoi et ça les rendait **dingues** ! _

Pour
4 personnes

Préparation
1 heure

Temps de cuisson
25 minutes

Temps de séchage
12 heures

INGRÉDIENTS

• Papier citron
- 1 feuille de gélatine
- 50 g d'eau
- 10 cl de jus de poire
- 25 g de jus de citron
- 10 g de sucre
- 2 g de pectine

• Pâte à tarte
- 100 g de sucre glace
- 120 g de beurre noisette
- 25 g de poudre d'amandes
- 1 c. à c. de vanille liquide
- 1 pincée de sel
- 1 œuf entier
- 215 g de farine
- 1 c. à s. de beurre fondu pour les moules

• Appareil au calamansi
- 4 citrons bio
- 100 g de sucre
- 3 œufs
- 90 g de beurre
- 100 g de vinaigre de calamansi

• Meringue
- 25 g d'eau
- 95 g de sucre
- 50 g de blancs d'œufs

• Gelée de calamansi
- 100 g de vinaigre de calamansi
- 1,5 g d'agar-agar
- 100 g d'eau

USTENSILES
- Un batteur muni d'une feuille
- Un tamis
- 8 moules à brioche individuels de 10 cm de diamètre
- Un thermomètre de cuisine allant jusqu'à 118 °C
- Un batteur muni d'un fouet
- Deux poches munies d'une douille ronde de 5 mm
- Une plaque recouverte d'un tapis de cuisson type Silpat®

Tarte calamansi, papier citron

POUR LE PAPIER CITRON

Réhydratez la gélatine dans de l'eau froide.
Dans une casserole, mélangez tous les autres ingrédients. Faites cuire à feu doux pendant 10 minutes en remuant puis hors du feu, ajoutez la gélatine essorée aux autres ingrédients.
Faites chauffer le four à 60 °C. Versez la préparation sur la plaque recouverte du tapis de cuisson et faites sécher 12 heures au four à 60 °C.

POUR LA PÂTE À TARTE

Dans la cuve du batteur, versez le sucre glace, le beurre noisette, la poudre d'amandes, la vanille et le sel.
À la feuille, travaillez jusqu'à avoir une pâte homogène. Ajoutez l'œuf et continuez à mélanger puis tamisez directement la farine sur la préparation. Mélangez et une fois que la pâte commence à se former, arrêtez le batteur. Faites une boule et fraisez 3 fois la pâte en l'écrasant avec la paume de la main.
Étalez la pâte sur 5 mm d'épaisseur entre deux feuilles de papier sulfurisé. Réservez au minimum 2 heures au frais.

Placez vos moules à brioche à l'envers, beurrez-les au pinceau.
Détaillez quatre cercles de pâte à l'emporte-pièce rond. Placez un cercle de pâte sur chaque moule à brioche. Réservez les fonds de tartes au frais pendant 30 minutes.
Préchauffez votre four à 170 °C. Sur une plaque, disposez vos fonds de tartes prêts à cuire. Enfournez pour 8 minutes. Sortez les fonds de tartes du four et démoulez-les lorsqu'ils sont bien refroidis.

POUR L'APPAREIL AU CALAMANSI

Rincez les citrons et zestez-les au-dessus d'un cul de poule. Mélangez avec le sucre puis incorporez les œufs entiers, le beurre fondu, le jus des citrons et le vinaigre de calamansi.
Versez la préparation sur les fonds de pâte précuits puis remettez au four environ 15 minutes. Laissez refroidir les tartes puis placez-les au réfrigérateur au moins 1 heure avant de servir.

Tarte calamansi, papier citron

POUR LA MERINGUE

Versez dans une casserole l'eau et 75 g de sucre. Faites cuire jusqu'à ce que la température de ce sirop atteigne 118 °C.
Pendant ce temps, montez les blancs d'œufs en neige et quand ils commencent à bien mousser, ajoutez 20 g de sucre en continuant à fouetter.
Ajoutez ensuite le sirop petit à petit et continuez de battre jusqu'à ce que le mélange soit complètement refroidi. Mettez la meringue en poche à douille et placez-la au frais.

POUR LA GELÉE DE CALAMANSI

Faites bouillir le vinaigre et l'eau, ajoutez l'agar-agar et faites cuire 5 minutes. Puis laissez refroidir 1 heure au réfrigérateur. Si, lors du mixage, la substance est trop épaisse et se mixe mal, ajoutez un petit peu de vinaigre. Mixez jusqu'à obtenir une gelée homogène. Mettez la gelée en poche à douille unie.

POUR LE DRESSAGE

Dressez à la poche et en alternance la meringue et la gelée calamansi sur les tartes au citron.
Ajoutez le papier citron en décoration.

MAISON

_ Petit, quand je faisais la **cuisine à la maison**, j'avais l'impression de faire quelque chose de **bien** ! _

- Les Frères Bizzy -

ILS PARTENT D'EN BAS POUR INSPIRER LA HAUTE !

DANNY PAR VINCE

Danny, c'est mon frère ! D'ailleurs certains le croient vraiment et ça nous amuse beaucoup, ce petit jeu. En fait, c'est mon meilleur ami, mais « meilleur ami », franchement j'ai du mal à le dire, je dis toujours « c'est mon frère » et pour moi c'est ce qu'il est.
On a toujours tout fait ensemble. Quand on était gosses, on essayait les mêmes sports, on avait les mêmes nouvelles passions, on a vite voulu être libres financièrement : pour ne rien demander à nos familles. Du coup on a fait pas mal de choses mémorables (rires) mais toujours dans le positif.
Dans tous les projets qu'on a essayés ensemble, on a voulu y aller à fond, sans jamais rien lâcher, en autodidactes ! Même si on n'a pas forcément les connaissances de base, on va tout faire pour accéder au niveau souhaité, sans rien lâcher.

Pour la musique, c'est pareil, on n'a jamais pris un seul cours. Dans notre groupe Les Frères Bizzy, on écrit tous les deux et on fait tous les deux les sons. On a commencé très jeunes, vers 12 ou 13 ans. On s'est mis au trap latino il y a quelques années après avoir rencontré des cuistots espagnols avec qui j'ai travaillé et qui nous ont fait découvrir cette culture. Ça a été une explosion pour Danny et moi ! On s'est tout de suite reconnus dans cette culture musicale, super festive, pleine de sourires, communicative et hyper dansante ! Ça permet de faire passer des textes un peu plus bruts avec des sons ensoleillés ! Et comme on adore bosser sur les images, on fait les clips, on les construit vraiment nous-mêmes, on fait les repérages, les découpages, la direction des acteurs, on travaille sur le stylisme. Avec Danny, on préfère faire nous-mêmes, comme ça on est surs que ça nous ressemble vraiment !

Danny est exigeant, bosseur, jamais au repos, toujours à l'affût mais, comme on est pareils, on se compense selon les moments ! Quand il est plus impulsif, je le modère et quand je suis trop enthousiaste, il me tempère. On est yin ou yang chacun à notre tour !

Ça me fait tellement plaisir ce qui arrive à Danny avec Top Chef, je savais qu'il irait loin, je connais sa personnalité et je savais qu'il serait le chouchou des téléspectateurs. Avec la Brigade cachée, ça a été chaud mais gagner les 11 épreuves d'affilée, c'est juste dingue. Mais ça c'est Danny ! Je sais qu'il n'est qu'au début de son parcours de chef, il fait de la cuisine gastronomique ! La *fame*, la télé, les médias, c'est top, mais la cuisine gastro c'est faire plaisir aux gens avec le cœur et ça, c'est magique !
La mixologie et ma boîte de comm, ça marche bien donc on est encore tous les deux à fond, sur tous les sujets et c'est pas le moment de se reposer !!

J'ai qu'une chose à dire « Latino gang ! » mon frère !

TOUTE LA MUSIQUE DES Frères Bizzy ICI !

VINCE PAR DANNY

Vince, c'est mon frère ! Vincent, c'est « comme » mon frère pour être exact ! Pas le vrai bien sûr car je n'ai qu'une sœur, ma grande sœur qui veille sur moi ou plutôt l'inverse (hihi).
Vince et moi, on se connaît depuis nos 3 ans. Sa grand-mère habitait dans la même rue que mes parents. On a tout fait ensemble, de l'école maternelle à l'école hôtelière, de Rosny-sous-Bois à Genève. On le dit bien dans notre titre « Sapo » : « On commence à Rosny, on finira le bordel à Genève !! »
C'est mon *Partner in Fame*, l'autre frère Bizzy !
Je pourrais vous raconter mille anecdotes avec Vincent, comment on a fait notre premier freestyle ensemble à 12 ans, nos premiers enregistrements en studio, on a créé notre chaine YouTube @ lesfreresbizzy il y a plus de 10 ans, en 2012 ! Comment on crée nos clips, on négocie ensemble les contrats, les marques et les sponsors. Sans parler de la tournée en Espagne après la sortie de notre premier album !
Bon, on a aussi eu une boutique de baskets et de casquettes aux puces de Clignancourt à 16 ans (oups... pas sûr que les parents soient au courant !) pour être indépendants financièrement, pour faire notre musique et nos enregistrements sans devoir rien à personne !

À Rosny, on disait de Vince et moi qu'on était toujours occupés à faire plein de trucs, toujours « Bizzy », c'était un mélange de *business* et de *busy* ! Finalement on a choisi Les Frères Bizzy comme nom de groupe. Et d'ailleurs, on reprend souvent cette phrase dans nos textes « On n'a pas le luxe d'avoir le temps ! », et c'est vrai qu'on met toujours une certaine urgence à faire les choses, on ne sait pas se poser ! On se met toujours la pression, mais une bonne pression !

Le seul truc qu'on n'a pas fait ensemble avec Vince, c'est Top Chef. C'était la première aventure où il n'était pas sur le devant de la scène avec moi, mais bien sûr il était en coulisse, il était là tout le temps, il m'a soutenu, il m'a même coaché ! Et quand il est venu au studio d'enregistrement pour la 10e épreuve contre Jérémy et qu'il m'a lâché : « Faut que tu le fasses pour moi et pour la famille », j'avais plus qu'un truc à faire : tout donner ! Vince c'est la famille, c'est la confiance absolue, c'est se comprendre sans se parler, en fait c'est tout !
« Latino gang ! », mon frère !

AVEN

TURE

L'

aven
- tu -
re

TOP

- L'aventure TOP CHEF s'est décidée sur un coup de bluff ! -

M6 m'a contacté sur Instagram pour faire participer des jeunes de ma brigade à Objectif Top Chef, mais personne n'était partant. En rigolant je leur ai dit que, moi, j'étais dispo pour Top Chef ! Et banco, c'était parti !

L'aventure a duré 6 mois, des sélections locales à l'épreuve finale ! J'ai participé aux tournages à Paris tout en étant sous-chef au Bayview à Genève. J'ai passé ma vie et mes nuits dans les trains, autant vous dire que j'étais éclaté de fatigue. Heureusement, la famille, les copains, le Chef Michel Roth et tout le Bayview étaient derrière moi et ça m'a donné une force énorme !

Un des gros challenges du tournage Top Chef, c'était de réussir à montrer ma cuisine gastronomique, mes techniques et ma passion dans des temps de préparation très courts ! Surtout quand les caméras et les journalistes te posent tout un tas de questions pendant que tu cuisines !

Même si la Cheffe Hélène Darroze a failli faire une crise cardiaque à chaque épreuve de la Brigade cachée, j'ai quand même toujours réussi à gérer mon temps ! Ok, parfois à 1 seconde près (hihi) !!

J'ai eu des coups durs dans l'émission, l'élimination bien sûr, mais surtout lorsque j'ai appris lors d'un tournage que je venais de perdre ma grand-mère. Ça m'a énormément peiné car je voulais qu'elle soit fière de me voir à la télé et j'ai réalisé que ça ne se ferait jamais. J'ai craqué émotionnellement et j'ai vraiment failli tout arrêter. Ma famille a tout fait pour que je continue et c'est vrai qu'à partir de ce moment-là, l'émotion m'a submergé, ça s'est aussi ressenti dans ma cuisine. L'équipe de M6 était au courant, ils ont gardé ça pour eux ; j'ai apprécié.

J'ai aussi noué de belles amitiés : avec Miguel qui travaille avec moi au Quai 96, avec Jean-Jean, j'adore ce gars humainement tellement bon, et bien sûr Papy (ok Jérémy tu n'es pas si vieux !) qui est un modèle pour moi. Il est entrepreneur, a quinze restaurants, 40 ans et n'hésite pas à revenir se challenger en participant à Top Chef ! C'est fou !

Je garde évidemment un souvenir incroyable de cette dinguerie de remontada dans la Brigade cachée ! C'était complètement fou de gagner les épreuves les unes après les autres contre des candidats de plus en plus forts !

Lors de la diffusion, j'ai réalisé que les plats qui avaient plu aux Chefs avaient aussi marqué les spectateurs. Le croissant pomme de terre, la tarte soufflée au double cœur coulant, la quenelle de butternut, la technique de l'œuf garni, vous les découvrirez dans les pages suivantes, sans oublier le fameux bouillon de la finale, en version réussie bien sûr ! Sheeesh !

Pour
4 personnes

Préparation
2 heures

Temps de repos
30 minutes

Temps de cuisson
1 heure

LA RECETTE EN VIDÉO

INGRÉDIENTS

- **Caramel de fenouil**
- 1 kg de fenouil
- 50 g d'anis étoilée
- 50 g de graines de fenouil
- 100 g de beurre
- 1 bouchon de pastis
- 50 cl de vin blanc
- 25 cl de fond blanc de volaille
- 1 l de jus d'orange
- 1 noix de beurre

- **Gelée d'oignon**
- 1 oignon rouge
- 1 orange non traitée
- 6 feuilles de gélatine
- 10 g de beurre
- 200 g de vinaigre blanc
- Le jus de 3 citrons jaunes
- 1 sachet de thé à l'orange
- Sel, poivre

- **Farce**
- 250 g de champignons de Paris
- 1 échalote
- 100 g de guanciale
- 1 gousse d'ail
- 10 g de beurre

Croissant pomme de terre

POUR LE CARAMEL DE FENOUIL

Émincez finement le fenouil.
Faites suer l'anis étoilé et les graines de fenouil dans une casserole avec le beurre. Ajoutez le fenouil émincé, faites chauffer à feu vif pendant 5 minutes puis déglacez au vin blanc et au pastis.

Ajoutez le fond de volaille et le jus d'orange, baissez le feu et laissez infuser 30 minutes à feu doux. Filtrez la préparation au chinois, réservez les morceaux de fenouil et remettez le jus sur le feu pour le laisser réduire jusqu'à obtenir un caramel.
Ajoutez une noisette de beurre dans le caramel, émulsionnez hors du feu puis réservez.

POUR LA GELÉE D'OIGNON

Émincez l'oignon. Prélevez les zestes de l'orange entière. Réhydratez les feuilles de gélatine dans de l'eau froide. Faites suer l'oignon dans une casserole avec le beurre, puis déglacez au vinaigre blanc et au citron. Mouillez à hauteur avec de l'eau et ajoutez le sachet de thé à l'orange et les zestes d'orange. Laissez bouillir 5 minutes puis filtrez au chinois pour conserver le jus.
Ajoutez les feuilles de gélatine au jus chaud, mélangez et réservez au frais jusqu'à ce que la gélatine soit prise. Une fois prise, cassez la préparation à l'aide d'un fouet.

- 2 c. à c. de persil haché
- Sel, poivre

- **Croissant de pomme de terre**
- 2 grosses pommes de terre de 200 g (variété à chair farineuse type Agria)
- 1 jaune d'œuf pour la dorure
- De la fleur de sel pour l'assaisonnement

USTENSILES

- Un chinois
- Une dérouleuse japonaise pour couper les pommes de terre en très fines lanières
- Un four vapeur ou un panier vapeur
- Une plaque recouverte d'un tapis de cuisson type Silpat®

« Ma qualification pour Top Chef ! »

POUR LA FARCE

Nettoyez et émincez les champignons de Paris. Pelez et ciselez l'échalote. Taillez la guanciale en brunoise. Taillez 4 cuillerées à soupe du fenouil réservé en brunoise. Pelez et écrasez l'ail.

Dans une poêle, faites fondre le beurre et faites suer les champignons avec l'échalote. Lorsqu'ils sont bien colorés, ajoutez le guanciale et le reste de fenouil. Laissez colorer puis déglacez avec le vin blanc. Ajoutez le persil et l'ail, mélangez puis débarrassez la préparation sur une planche. Hachez-la grossièrement au couteau et réservez.

POUR LE CROISSANT DE POMME DE TERRE

Épluchez les pommes de terre, parez les deux extrémités, puis découpez chaque pomme de terre avec la dérouleuse japonaise pour obtenir de fines bandes de pomme de terre.

Pour chaque pomme de terre, enroulez la bande jusqu'à la moitié, coupez la bande et réservez un petit morceau fin pour la fermeture du croissant puis terminez d'enrouler l'autre moitié de bande. Vous obtenez 2 rouleaux de pomme de terre.

Faites-la même chose afin d'obtenir 2 autres rouleaux avec l'autre pomme de terre, soit 4 rouleaux en tout.

Coupez chaque rouleau en deux. Façonnez chaque partie en forme de croissant en poussant avec votre doigt depuis l'intérieur pour former un cône.

Garnissez chaque cône de farce.

Rassemblez deux cônes avec le morceau de bande réservé et formez un croissant entier.
Faites cuire les quatre croissants à la vapeur dans un panier vapeur ou au four vapeur à 90 °C pendant 15 minutes.
Préchauffez le four à 200 °C.
Une fois les croissants cuits à la vapeur, déplacez-les délicatement et posez-les sur la plaque recouverte du tapis de cuisson. Badigeonnez-les de dorure au pinceau, ajoutez un peu de fleur de sel. Faites-les dorer au four traditionnel pendant 20 minutes à 200 °C.

POUR LE DRESSAGE

Servez chaque croissant avec de la gelée d'oignon rouge et le caramel de fenouil.

Astuce : utilisez le fenouil restant pour faire une salade ou une purée en veillant à la passer au tamis pour retirer les brisures de graines.

Pour
4 personnes

Préparation
40 minutes

Temps de cuisson
1 heure

LA RECETTE EN VIDÉO

INGRÉDIENTS

• Farce
- 4 homards
- 2 citrons jaunes de Menton
- 100 g de mascarpone
- Sel, poivre

• Pâte à ravioles
- 5 jaunes d'œufs
- 10 g de corail de homard
- 250 g de farine

• Consommé au pois bleu
- ½ poireau
- 2 échalotes
- Carcasse des 4 homards
- 1 cl de pastis
- 5 badianes
- 1 bouquet garni
- 30 g d'ail
- 50 cl d'eau
- Sel, poivre

• Condiment tofu fumé
- 20 g de pâte de miso blanc
- 20 g de tofu fumé

• Vaporisation
- Le jus de 4 citrons

USTENSILES
- Un laminoir à pâtes fraîches
- Un emporte-pièce rond de 7 cm de diamètre
- Une poche à douille
- Un vaporisateur

Raviole de homard, consommé au pois bleu

POUR LA FARCE

Taillez la chair de homard en brunoise. Zestez deux citrons. Dans un bol, mélangez la chair de homard avec le fromage et les zestes. Salez, poivrez puis réservez.

POUR LA PÂTE À RAVIOLES

Dans un bol, mélangez 5 jaunes d'œufs avec le corail de homard.
Sur le plan de travail, faites un volcan avec la farine et ajoutez les jaunes d'œufs au corail. À l'aide d'une fourchette, incorporez la farine petit à petit. Pétrissez à la main jusqu'à obtenir une pâte homogène.
Au laminoir à pâtes fraîches, étalez la pâte sur 1 mm d'épaisseur et détaillez des cercles de 7 cm de diamètre.

POUR LE CONSOMMÉ AU POIS BLEU

Pelez l'échalote. Émincez le poireau et l'échalote. Dans une grande casserole, mélangez tous les ingrédients et laissez cuire 1 heure. Passez au chinois et réservez au chaud dans une casserole.

POUR LE CONDIMENT TOFU FUMÉ

Mixez la pâte de miso et le tofu fumé jusqu'à l'obtention d'une pâte lisse.

POUR LE DRESSAGE ET LE SERVICE

Dans le fond de chaque assiette creuse, déposez 2 cuillères à soupe de farce, recouvrez d'un carré de pâte à ravioles. Faites quelques points de condiment tofu fumé à l'aide d'une poche à douille.
Faites bouillir le consommé bleu puis versez-le sur la pâte à ravioles, elle changera alors de couleur pour passer du vert à l'orange.
Puis vaporisez ou versez du jus de citron dans l'assiette, le consommé passera alors du bleu au violet rosé.

« La mythique entrée de la finale du concours Top Chef ! »

Pour
4 personnes

Préparation
2 heures

Temps de repos
24 heures

Temps de cuisson
1 heure

LA RECETTE
EN VIDÉO

INGRÉDIENTS
- 12 asperges blanches
- 150 g de sésame noir (ou de la pâte de sésame noir du commerce)
- ¼ de botte de ciboulette
- 4 œufs en coquille

• Pâte de citron
- 4 citrons non traités
- 50 cl d'eau
- 650 g de sucre
- Le jus de ½ citron
- 20 g beurre
- 20 g crème fraîche épaisse

• Sorbet huile d'olive
- 2 feuilles de gélatine
- 200 g d'eau
- 100 g de sucre
- 25 g de jus de citron
- 150 g d'huile d'olive

• Crème ciboulette
- 1 botte de ciboulette
- 125 g d'huile de pépins de raisin
- 125 g de beurre
- Sel, poivre

• Viennoise sarrasin
- 60 g de beurre
- 60 g de pain grillé réduit en chapelure
- 60 g de graines de sarrasin

• Mousseline ciboulette
- ¼ de botte de ciboulette
- 1 blanc d'œuf
- 100 g de mayonnaise maison
- Sel
- 1 tour de poivre de timur

USTENSILES
- Du papier sulfurisé
- Un mixeur
- Une turbine à glace ou une sorbetière
- Un torchon fin propre
- Un petit emporte-pièce rond de 2 cm de diamètre
- Une poche munie d'une douille très fine de 3 mm

Asperge, œuf sabayon

La veille, préparez la pâte de citron et le sorbet huile d'olive.

POUR LA PÂTE DE CITRON

Piquez les citrons avec la pointe de la lame d'un couteau.
Blanchissez-les dans de l'eau bouillante non salée 7 fois de suite, en changeant d'eau à chaque fois.
Faites chauffer l'eau et le sucre dans une casserole, portez à ébullition et plongez-y les citrons piqués.
Faites cuire à feu très doux pendant 2 heures en plaçant une feuille de papier sulfurisé à la surface pour les garder dans le sirop. Réservez ensuite à température ambiante jusqu'au lendemain.
Égouttez les citrons, coupez-les pour retirer les pépins et mixez avec la crème, le beurre et le jus de citron.

POUR LE SORBET HUILE D'OLIVE

Réhydratez la gélatine dans un grand volume d'eau froide.
Réalisez un sirop avec l'eau et le sucre en les faisant légèrement chauffer dans une casserole jusqu'à ébullition. Ajoutez le jus de citron, l'huile et la gélatine égouttée. Faites prendre en sorbetière ou en turbine à glace ou placez la préparation au congélateur pendant 2 heures puis mixez.

Le jour même, faites les autres préparations.

Faites un trou avec une aiguille ou un couteau fin à chaque extrémité des coquilles des œufs et videz-les en soufflant à l'intérieur. Réservez les œufs pour d'autres préparations.

POUR LA CRÈME CIBOULETTE

Rincez et égouttez la ciboulette sur du papier absorbant. Placez la moitié dans la cuve du mixeur.
Faites chauffer l'huile à 140 °C, versez l'huile chaude sur la ciboulette et mixez pendant 2 à 3 minutes. Filtrez la préparation à travers un torchon fin, serrez bien pour récupérer l'huile verte. Réservez.

Faites blanchir l'autre moitié de la ciboulette dans de l'eau bouillante salée.
Dans une casserole, faites brunir le beurre à feu doux jusqu'à ce qu'il devienne noisette. Filtrez-le pour retirer les parties blanches.
Dans le mixeur propre, versez l'huile verte, la ciboulette, le poivre et le beurre noisette. Mixez finement les trois préparations ensemble.

POUR LA VIENNOISE SARRASIN

Dans une casserole, faites fondre le beurre à feu doux et laissez cuire jusqu'à ce qu'il devienne noisette. Filtrez à la passette pour retirer les parties blanches. Versez le beurre, le sarrasin et le pain en chapelure dans le mixeur. Mixez tous les ingrédients ensemble puis étalez la préparation et laissez-la refroidir. Détaillez-la avec l'emporte-pièce rond.

POUR LA MOUSSELINE CIBOULETTE

Ciselez très finement la ciboulette.
Montez le blanc d'œuf en neige, ajoutez délicatement la mayonnaise et la ciboulette ciselée. Assaisonnez avec du sel et du poivre de timur.

POUR LES ASPERGES

Faites cuire les asperges dans de l'eau bouillante salée à 30 g de sel par litre d'eau. Une fois cuites, retirez-les avec une écumoire et réservez-les sans les refroidir.
Ciselez la ciboulette.
Taillez le pied des asperges en biseau et retirez environ 4 cm d'asperges. Coupez en petits dés et mélangez avec la ciboulette pour réaliser un tartare.
Mixez le sésame noir jusqu'à obtenir une pâte homogène.

POUR LE DRESSAGE

Garnissez les coquilles d'œufs vides avec la mousseline ciboulette en vous aidant d'une poche munie d'une douille fine.
Disposez 3 asperges par assiette, ajoutez la pâte de citron, la crème ciboulette et la pâte de sésame en condiments avec quelques cercles de viennoise. Servez un œuf par personne qu'il faudra casser avant de déguster.

Servez le tartare d'asperge avec le sorbet huile d'olive en accompagnement.

CROIRE

_ Toujours **plus**,
toujours **y croire**

Pour
4 personnes
ou 3 ou 4 quenelles
par personne

Préparation
40 minutes

Temps de cuisson
1 heure

Temps de repos
1 heure

INGRÉDIENTS

- **Quenelles de butternut**
  - 1 butternut de 1 kg avec la peau soit 600 g de chair de butternut
  - 150 g de lait
  - 150 g de crème
  - 7 œufs entiers
  - 2 jaunes d'œufs
  - Un peu de graisse pour les moules

- **Pralin aux cèpes**
  - 150 g de beurre
  - 100 g de cèpes déshydratés (ou un mélange de champignons secs)
  - 50 g de sucre

- **Ressort de cacao**
  - 100 g d'isomalt
  - 20 g de poudre de cacao amer

- **Crème anglaise aux cèpes**
  - 3 jaunes d'œufs
  - 30 g de sucre
  - 1 gousse de vanille
  - 200 g de crème liquide
  - Le beurre du pralin aux cèpes

USTENSILES

- Un moulin à légumes
- Une plaque en silicone de 12 alvéoles en forme de quenelle de 6 x 2,8 x 2,8 cm
- Un four vapeur ou un panier vapeur
- Du papier sulfurisé
- Une plaque recouverte d'un tapis de cuisson type Silpat®
- Un mixeur
- Un thermomètre de cuisson allant jusqu'à 120 °C

Quenelles butternut

POUR LES QUENELLES DE BUTTERNUT

Préchauffez le four à 180 °C. Enfournez le butternut et laissez cuire jusqu'à ce que la lame d'un couteau s'enfonce sans résistance jusqu'au milieu. Retirez la peau et passez la chair au moulin à légumes.

Mélangez le lait, la crème et les œufs puis ajoutez 600 g de chair de butternut. Versez le mélange dans des moules à quenelles préalablement graissés. Placez sur une feuille de papier sulfurisé dans un panier vapeur ou dans un four vapeur à 90 °C pendant 20 minutes.

POUR LE PRALIN AUX CÈPES

Dans une casserole, faites fondre et blondir le beurre puis ajoutez les cèpes séchés. Laissez cuire 5 minutes, puis retirez les cèpes du beurre et placez-les sur la plaque recouverte de papier sulfurisé. Bien conserver le beurre pour la suite de la recette.

Dans une poêle, réalisez un caramel à sec avec le sucre. Versez le caramel sur les cèpes et mettez au congélateur. Une fois l'ensemble bien congelé, concassez au mixeur pour obtenir la consistance d'un pralin.

« Ou comment faire manger des légumes à vos enfants dans un dessert ! »

POUR LES RESSORTS DE CACAO

Mélangez l'isomalt et le cacao dans une petite casserole à fond épais et faites chauffer à 120 °C en vérifiant la température. Faites couler la préparation sur un tapis de cuisson et laissez refroidir légèrement.
En tirant le mélange autour d'un crayon, du manche d'un fouet ou d'une spatule, façonnez des ressorts. Répétez l'opération pour avoir une douzaine de fins ressorts.

POUR LA CRÈME ANGLAISE AUX CÈPES

Versez les jaunes d'œufs et le sucre dans un cul de poule et fouettez énergiquement jusqu'à ce que le mélange blanchisse.
Coupez la gousse de vanille en deux dans la longueur. Versez la crème dans une casserole avec la gousse de vanille et portez à ébullition.

Lorsque la crème est chaude, retirez la gousse de vanille en grattant bien les grains, puis mélangez et remettez le mélange dans la casserole. Faites cuire cette crème anglaise à feu doux jusqu'à ce qu'elle nappe la spatule. Retirez du feu et incorporez le beurre aux cèpes réservé à la crème anglaise.

POUR LE DRESSAGE

Dressez 3 quenelles dans chaque assiette, saupoudrez de pralin aux cèpes. Disposez les ressorts. Servez avec la crème anglaise aux cèpes.

ÉMOTIONS

_ Je connais mon Danny, je sais qu'il peut cuisiner avec **beaucoup d'émotions**, beaucoup de grâce et de sentiments, en s'aidant de la **technique**. _

Cheffe Hélène Darroze

Pour
4 personnes

Préparation
1 heure

Temps de cuisson
1 h 20

Temps de repos
2 heures

LA RECETTE EN VIDÉO

INGRÉDIENTS

• Pâte sablée
- 100 g de farine
- 1 pincée de sel
- 50 g de sucre glace
- 50 g de beurre
- ½ œuf

• Ganache cuite
- 125 g de crème liquide
- 50 g de lait
- 125 g de chocolat noir en pastilles ou haché
- 30 g d'œuf entier

• Soufflé
- 65 g d'œufs entiers
- 50 g de jaunes d'œufs
- 35 g de sucre
- 65 g de crème liquide
- 65 g de chocolat noir
- 10 g de farine

• Crème agrume
- 1 citron
- 1 orange
- 2 anis étoilés
- 2 badianes
- 5 graines de cardamome
- 1 gousse de vanille
- 250 g de jus d'orange
- 10 g de beurre

• Siphon vanille brûlée
- 15 g de vanille en gousse
- 240 g de crème
- 20 g de sucre muscovado
- 10 g de sucre
- 70 g de jaunes d'œufs

USTENSILES
- Un emporte-pièce rond de 7 cm de diamètre
- Un cadre ou un moule à gâteau de 15 x 15 cm
- 4 moules en demi-dômes de 7 cm de diamètre
- Une plaque de cuisson
- Un siphon et 2 cartouches de gaz

Tarte soufflée cœur coulant

POUR LA PÂTE SABLÉE

Mélangez la farine, le sel, le sucre, le beurre et sablez entre vos doigts. Ajoutez l'œuf et mélangez pour obtenir une consistance homogène.
Préchauffez le four à 170 °C. Étalez la pâte sur 4 mm d'épaisseur et découpez quatre cercles de 7 cm de diamètre. Enfournez pour 8 à 12 minutes.

POUR LA GANACHE CUITE

Dans une casserole, faites bouillir ensemble la crème et le lait. Versez sur le chocolat haché, mélangez puis ajoutez l'œuf et mélangez de nouveau.
Préchauffez le four à 190 °C. Versez la préparation dans un cadre ou un moule de sorte que l'épaisseur de la ganache fasse 3 cm de hauteur. Enfournez pour 5 minutes. Retirez du four et laissez refroidir complètement au réfrigérateur.
Lorsque la ganache est bien froide, découpez à l'emporte-pièce 4 cercles de même diamètre que la pâte sablée.

POUR LE SOUFFLÉ

Commencez par réaliser un sabayon en faisant chauffer doucement les œufs, les jaunes d'œufs et le sucre dans une casserole à feu doux. Fouettez constamment jusqu'à ce que les œufs commencent à épaissir sans coaguler. Retirez du feu lorsqu'en fouettant vous pouvez voir distinctement le fond de la casserole et que le sabayon est mousseux.
Versez la crème à froid avec le chocolat et faites chauffer la crème à ébullition. Mélangez bien avec une spatule puis ajoutez la farine et mélangez délicatement l'ensemble.
Amalgamez l'appareil à sabayon et l'appareil de chocolat ensemble, délicatement. Versez le mélange dans des demi-dômes de 7 cm de diamètre puis mettez au congélateur pour 2 heures environ.

« Le double cœur coulant qui fait craquer la Cheffe Hélène Darroze. »

POUR LA CRÈME AGRUME

Épluchez l'orange et le citron et taillez-les grossièrement en morceaux. Dans une casserole, mélangez les morceaux de citron et d'orange, l'anis étoilé, la badiane, la cardamome, les grains de la gousse de vanille et le jus d'orange. Portez à ébullition puis baissez à feu doux et laissez cuire pendant 1 heure jusqu'à l'obtention d'un mélange sirupeux.
Mixez le tout en ajoutant le beurre. Réservez cette crème au réfrigérateur jusqu'à refroidissement.

POUR LE SIPHON VANILLE BRÛLÉE

Préchauffez le four à 220 °C. Placez la vanille entière sur la plaque de cuisson et faites brûler au four pendant 15 minutes.
Dans une casserole, mélangez la crème liquide, les deux sucres et les grains de vanille. Portez à ébullition puis laissez infuser pendant 20 minutes hors du feu.
Versez les jaunes d'œufs dans un cul de poule. Portez de nouveau la crème à ébullition, versez sur les jaunes d'œufs et mélangez énergiquement. Passez cette préparation au chinois étamine, puis versez-la chaude dans le siphon avec 2 cartouches de gaz.

POUR LE MONTAGE

Préchauffez le four à 200 °C. Démoulez les soufflés bien congelés. Déposez-les sur les cercles de pâte sablée et enfournez pour 5 minutes de cuisson.
Dans chaque assiette, déposez la ganache et faites un trou au milieu pour y déposer 5 g de crème d'agrume.
Dès que les soufflés sont cuits, déposez-les par-dessus.
Servez avec un peu de siphon vanille brûlée à côté de la tarte ou dans un ramequin.

LATINO GANG

_ C'est du grand
Latino gang, Bébé ! _

RENC

LA
ren
- con -
tre

HOTEL
PRESIDENT
GENEVA
1991

- Travailler avec **LE CHEF ROTH** est un privilège ! -

Le Chef Roth m'a tendu la main à 15 ans en me faisant visiter les cuisines du Ritz et m'a offert mon premier stage quand je commençais l'école hôtelière.

Quand le Ritz a fermé pour travaux, le Chef Roth a pris les rênes du Bayview à Genève et m'a proposé de le suivre dans cette aventure en Suisse. J'ai dit oui et je suis parti du haut de mes 18 ans pour le rejoindre en cuisine. J'ai tout quitté : ma famille, mes amis, Rosny-Sous-Bois et mon poste chez Pierre Gagnaire.

J'ai travaillé dur et petit à petit, le Chef Roth m'a laissé de la place pour m'exprimer et pour proposer des recettes. J'ai découvert l'univers des palaces, une région et des produits que je ne travaillais pas comme l'omble chevalier, le poisson emblématique du Léman.

Cela fait déjà plus de 10 ans que je travaille avec le Chef Roth. Avec lui j'ai appris énormément, aussi bien humainement que professionnellement. C'est un homme humble, simple, de parole, de confiance. C'est un modèle pour moi, aussi bien dans la vie de tous les jours que dans la façon dont il gère son équipe en cuisine, toujours avec écoute et respect. Pour moi c'est un Chef en or, un vrai Papa de cuisine.

De mon côté je lui ai aussi appris quelques trucs, surtout sur les réseaux : maintenant il a même son compte Instagram ! Sheeeesh !

En avril 2023, le Chef Roth m'a proposé de prendre la place de Chef de Cuisine au Bayview, cette nomination m'a fait extrêmement plaisir, c'est un aboutissement mais aussi un gros challenge !

C'est donc ma cuisine faite avec la brigade au Bayview que les clients commandent et apprécient... généralement ! ;-)

Dans ce chapitre, vous découvrirez les plats emblématiques du Bayview. J'aime travailler les produits dans leur ensemble, comme pour la recette du fenouil ou du pigeon, un produit que j'aime particulièrement. Vous découvrirez aussi la mythique côte de veau tomahawk, et le cappuccino trompe-l'œil que l'on sert en entre-plat et que les clients adorent. Mais il y a aussi les beurres travaillés que l'on fait à la baratte tous les jours au restaurant et quelques autres belles recettes signature.

Pour
4 personnes
ou 12 macarons

Préparation
1 heure

Temps de cuisson
20 minutes + 12 heures

Temps de repos
12 heures

INGRÉDIENTS

- **Meringue petit pois**
  - 15 cosses de petits pois
  - 180 g d'eau
  - 30 g de blanc d'œuf en poudre
  - Sel
  - 75 g de sucre
  - 15 g d'eau

- **Poudre de menthe**
  - ½ botte de menthe fraîche

- **Chantilly petit pois**
  - 300 g de petits pois
  - 300 g de crème liquide à 33 % de MG

- **Gel citron**
  - 200 g de jus de citron
  - 1 g d'agar-agar

- **Chlorophylle de menthe**
  - 1 botte de menthe fraîche

USTENSILES

- Un batteur électrique
- Un thermomètre de cuisine allant jusqu'à 121 °C
- Une poche munie d'une douille ronde
- Un mixeur

Macarons petits pois

Préparez les meringues et la poudre de menthe la veille ou quelques jours avant.

POUR LA MERINGUE PETIT POIS

Blanchissez les cosses de petits pois pendant 3 minutes dans une casserole remplie d'eau bouillante salée.
Égouttez les cosses, puis mixez-les très finement avec 180 g d'eau.
Mélangez cette préparation avec le blanc d'œuf en poudre et le sel, et faites monter en neige au batteur.

Réalisez un sirop en mélangeant le sucre et 15 g d'eau froide dans une casserole et faites chauffer jusqu'à 121 °C.
Versez le sirop sur les blancs en neige quand ils sont montés et laissez tourner jusqu'à refroidissement complet de la meringue.
Pochez les meringues sur un tapis de cuisson en cercle de 3 à 5 cm de diamètre.
Placez au four pendant 12 heures à 60 °C pour les déshydrater. Puis, conservez les meringues dans une boîte hermétique.

POUR LA POUDRE DE MENTHE

Effeuillez la menthe et faites-la sécher pendant 5 heures avec les meringues au four à 60 °C. Mixez dans un mixeur bien sec pour obtenir une poudre. Conservez dans une boîte hermétique.

Faites les autres préparations le jour même.

POUR LA CHANTILLY PETIT POIS

Blanchissez les petits pois dans une eau bouillante salée et refroidissez-les sous l'eau froide. Égouttez et mixez-les très finement jusqu'à l'obtention d'une purée lisse.
Montez la crème en chantilly et incorporez délicatement à la purée de petits pois.

POUR LE GEL CITRON

Versez la moitié du jus de citron dans une casserole et faites bouillir. Incorporez l'agar-agar, mélangez bien, faites cuire 5 minutes, puis retirez du feu. Réservez au frais. Lorsque le mélange est bien froid, mixez finement avec l'autre moitié du jus de citron pour obtenir une texture bien lisse.

POUR LA CHLOROPHYLLE DE MENTHE

Blanchissez la menthe dans une eau bouillante salée pendant 12 minutes puis refroidissez-la dans de l'eau glacée. Mixez la menthe finement avec un peu d'eau si nécessaire.

POUR LE DRESSAGE

Creusez légèrement l'intérieur des coques de macarons, ajoutez un peu de chlorophylle à l'intérieur de chaque coque, puis garnissez la moitié des coques de chantilly petits pois. Recouvrez avec les coques restantes. Saupoudrez de poudre de menthe avant de servir.

Pour
250 g à 300 g par beurre

Préparation
20 minutes

Temps de cuisson
15 minutes

INGRÉDIENTS

• Beurre vanillé
- 2 gousses de vanille
- 250 g de crème entière (de préférence chez le fromager, ou à minima avec une crème à 30 % de MG du commerce)
- 2 pincées de fleur de sel

• Beurre de carotte et pollen
- 70 g de carotte
- 250 g de crème entière
- 1 cul de poule rempli de glaçons
- 20 g de miel
- 20 g de pollen en grain

• Beurre d'herbes
- 250 g de crème entière
- ½ botte d'herbes (persil, ciboulette, estragon, ail des ours... selon la saison)
- 2 pincées de fleur de sel

USTENSILES
- Un batteur avec cuve ou une baratte manuelle
- Un mixeur plongeant

Beurres travaillés

POUR LE BEURRE VANILLÉ

Coupez les gousses de vanille dans la longueur et grattez les grains. Mélangez-les à la crème bien froide. Dans la cuve du batteur, versez la crème et battez à vitesse moyenne.
Au bout d'un moment, vous verrez que la crème s'est séparée du petit-lait et s'est agglomérée autour du fouet. Mettez le tout dans un torchon, pressez pour retirer le petit-lait puis rincez à l'eau claire 3 fois de suite. Pressez bien le beurre obtenu et ajoutez la fleur de sel. Réservez au frais.

POUR LE BEURRE DE CAROTTE ET POLLEN

Râpez les carottes.
Versez la crème dans la cuve du batteur et battez à vitesse moyenne.
Au bout d'un moment, vous verrez que la crème s'est séparée du petit-lait et s'est agglomérée autour du fouet. Mettez le tout dans un torchon, pressez pour retirer le petit-lait puis rincez à l'eau claire 3 fois de suite. Pressez bien le beurre, ajoutez la fleur de sel.

Faites fondre le beurre à feux doux dans une casserole. Ajoutez les carottes râpées et laissez cuire jusqu'à ramollissement des carottes. Ajoutez le miel, puis mixez le tout. Versez le beurre dans un cul de poule puis déposez-le dans le saladier rempli de glaçons. Fouettez sans arrêt pour refroidir le beurre. Quand il a récupéré sa texture, moulez le beurre et déposez les grains de pollen.

POUR LE BEURRE D'HERBES

Mixez la crème avec le mélange d'herbes de votre choix. Versez le tout dans la cuve du batteur et battez à vitesse moyenne.
Au bout d'un moment, vous verrez que la crème s'est séparée du petit-lait et s'est agglomérée autour du fouet. Mettez le tout dans un torchon, pressez pour retirer le petit-lait puis rincez à l'eau claire 3 fois de suite. Pressez bien le beurre, ajoutez la fleur de sel et mélangez.

Pour
4 personnes

Préparation
45 minutes

Temps de cuisson
1 h 30

Temps de repos
12 heures

LA RECETTE
EN VIDÉO

INGRÉDIENTS

• Omble
- 1 omble chevalier de 700 g ou 2 truites fario
- 20 pistaches

• Farce fine
- ½ botte de coriandre
- 100 g de parures d'omble (petits morceaux de chair à récupérer après la découpe)
- 1 œuf entier
- 2 c à s. de crème liquide
- ¼ de citron bio en zeste
- ¼ d'orange bio en zeste

• Sauce coquillage
- 2 échalotes
- 1 gousse d'ail
- ½ poireau
- 50 g de vernis
- 50 g de couteaux
- 50 g de coques
- 12 cl de vin blanc
- 25 cl de crème
- 100 g de beurre + un peu pour la cuisson

• Tuile noire
- 50 g de beurre
- 50 g de farine
- 50 g de blancs d'œufs
- 12 g d'encre de seiche
- 3 g de sucre

• Gel de vinaigre de sapin
- 100 ml de vinaigre de sapin
- 1,5 g d'agar-agar

• Salade d'herbes
- 2 branches de cerfeuil
- 2 branches d'aneth
- 1 pincée de fleurs comestibles

USTENSILES
- Film alimentaire
- Un four vapeur ou un thermoplongeur
- Un tamis fin
- Un moule en silicone en forme d'arête de poisson Silikomart®
- Un mixeur

Omble chevalier

POUR LA PRÉPARATION DE L'OMBLE

Levez les filets de l'omble chevalier et désarêtez-le. Taillez les bords pour obtenir les 100 g de parure et taillez les filets en deux dans la longueur.

POUR LA FARCE FINE

Dans une casserole d'eau bouillante, faites cuire la coriandre pendant 10 minutes, égouttez-la, refroidissez-la dans une eau glacée, égouttez à nouveau puis mixez jusqu'à l'obtention d'une pâte lisse.
Dans le mixeur, ajoutez les parures et mixez pendant 1 minute, puis ajoutez l'œuf et mixez 2 minutes. Terminez en ajoutant la crème et mixez 1 minute.
Passez cette farce au tamis fin puis mélangez avec la pâte de coriandre, les zestes de citron et d'orange.

POUR LA SAUCE COQUILLAGE

Pelez et émincez les échalotes. Pelez et écrasez l'ail. Nettoyez et émincez le poireau.
Dans une grande casserole, faites suer sans coloration l'échalote, l'ail et le poireau avec du beurre.
Ajoutez les vernis, couteaux et coques, faites chauffer à feu vif en remuant, déglacez au vin blanc et faites cuire de nouveau 5 minutes à couvert.
Lorsque les coquillages sont ouverts, passez le tout au chinois et reversez le jus dans une casserole propre.
Faites réduire légèrement le jus de coquillage, puis ajoutez la crème et faites réduire jusqu'à ce que la sauce épaississe légèrement. Ajoutez enfin le beurre et mixez à l'aide d'un mixeur plongeant.
Réservez les coquillages cuits pour le dressage.

« Pour découvrir le poisson emblématique du lac Léman. »

POUR LA TUILE NOIRE

Faites fondre le beurre et laissez refroidir.
Préchauffez le four à 160 °C.
Mélangez le beurre fondu froid et les autres ingrédients de la pâte. Travaillez jusqu'à l'obtention d'une pâte homogène.
Chemisez la pâte dans le moule en silicone en forme d'arête de poisson.
Enfournez pour 6 à 8 minutes de cuisson.

POUR LE GEL DE VINAIGRE DE SAPIN

Faites bouillir le vinaigre, puis ajoutez l'agar-agar et laissez cuire 5 minutes. Laissez refroidir 1 heure au réfrigérateur. Mixez jusqu'à obtenir un gel homogène.
Si lors du mixage la substance est trop épaisse et se mixe mal, ajoutez un petit peu de vinaigre.

POUR LE MONTAGE DU POISSON

Déposez une grande bande de film alimentaire sur votre plan de travail et placez-y 2 morceaux d'un filet d'omble. Assaisonnez avec sel et poivre.
Sur l'un des morceaux, déposez une bande de farce fine, disposez 10 pistaches par-dessus et quelques morceaux de chair de couteau, puis refermez avec l'autre partie du filet. Roulez le film alimentaire autour du poisson pour réaliser un boudin, serrez bien les bords et faites un nœud. Faites de même pour les deux autres morceaux de filet.
Dans un four vapeur, faites cuire les deux boudins à la sonde, jusqu'à ce qu'ils montent à 42 °C à cœur. Retirez du four et laissez reposer 12 heures au réfrigérateur.

POUR LA SALADE D'HERBES

Effeuillez le cerfeuil et l'aneth et hachez grossièrement.
Mélangez avec les fleurs comestibles.

POUR LE SERVICE

Retirez le film alimentaire des boudins d'omble. Déposez les boudins sur du papier sulfurisé légèrement graissé.
Faites colorer de tous les côtés à la poêle.
Coupez chaque boudin en deux et déposez un morceau par assiette. Sur le dessus, ajoutez la salade d'herbes, avec un filet d'huile d'olive. Déposez une tuile sur chaque morceau. Faites quelques points de gel de vinaigre de sapin et ajoutez quelques coquillages coupés en morceaux.
Servez avec la sauce coquillage.

RÉUSSITE

_ Le **Chef Roth**, c'est quelqu'un qui est heureux de la réussite des autres, il est **content pour moi**, réellement, et ça c'est une hyper belle **qualité** ! _

Pour
4 personnes

Préparation
2 heures

Temps de cuisson
1 heure

INGRÉDIENTS

- **Barigoule**
- 25 g de graines de coriandre
- 200 g de lard fumé
- 100 g d'oignons pelés et émincés
- 100 g de carottes pelées et émincées
- 75 cl de vin blanc sec
- 1 l de fond de volaille

- **Billes à l'artichaut (8 billes par artichaut)**
- 4 gros artichauts Camus

- **Melba, câpres et feuilles d'artichaut**
- 4 fines tranches de pain brioché
- Les parures d'artichaut
- 12 câpres
- 50 g de caviar (ou d'œufs de brochet fumé)

Artichaut, sublimation volante

POUR LA BARIGOULE

Concassez la coriandre en grains avec le plat de la lame d'un couteau, et placez les grains dans une gaze. Dans une casserole, faites colorer le lard à feu vif, puis ajoutez les oignons et les carottes.
Déglacez avec le vin blanc. Ajoutez le fond blanc, la gaze de coriandre à la préparation puis laissez cuire 30 minutes. Passez l'ensemble au chinois pour ne conserver que la barigoule qui servira à cuire les billes d'artichaut.

POUR LES FEUILLES ET LES BILLES D'ARTICHAUT

Récupérez les 4 plus belles feuilles de chaque artichaut, blanchissez-les dans de l'eau bouillante pendant 2 minutes puis égouttez-les soigneusement. Placez-les au congélateur.

À l'aide d'une cuillère parisienne réalisez 8 billes par cœur d'artichaut. Réservez les parures pour la purée d'artichaut. Faites-les cuire dans la barigoule bouillante, une dizaine de minutes jusqu'à ce qu'elles soient fondantes.

POUR LA MELBA, LES CÂPRES ET LES FEUILLES D'ARTICHAUT

Préchauffez le four à 160 °C.
Découpez à l'emporte-pièce les tranches de pain et faites-les cuire au four entre deux feuilles de papier sulfurisé avec une autre plaque par-dessus pour qu'elles s'aplatissent bien, pendant 10 minutes.
Plongez les câpres dans la friture à 180 °C pendant 2 minutes.

Taillez grossièrement la moitié des parures d'artichaut. Placez-les dans une casserole, ajoutez de la barigoule à hauteur et faites-les cuire jusqu'à ce qu'elles soient bien tendres.
Mixez jusqu'à l'obtention d'une purée lisse.

« En hommage aux artichauts vinaigrette de mon enfance. »

- **Risotto d'artichaut**
- 1 échalote
- 20 g de noix
- Les parures d'artichaut
- 20 g de beurre
- 1 c. à s. de mascarpone
- 25 g de gruyère suisse râpé

- **Siphon barigoule**
- 50 g de jaunes d'œufs
- 75 g de beurre
- 20 g de crème liquide à 33 % de MG
- 15 g de jus de yuzu
- 25 g de jus de la barigoule

- **Sublimation volante**
- 50 g de barigoule réduite à feu doux, avec la consistance d'un miroir
- 150 g d'eau
- 3 g de Formule 1 pour le VOM® (à trouver sur le site 100 % Chef)

USTENSILES

- Une gaze pour enfermer les graines de coriandre ou un sachet de thé à remplir
- Un chinois
- Une cuillère à pomme parisienne de 2,5 cm de diamètre
- Un emporte-pièce rond de 8 cm de diamètre
- Une plaque de cuisson
- Une friteuse
- Une machine à mettre sous vide
- Un kit VOM® pour le nuage à l'hélium

POUR LE RISOTTO D'ARTICHAUT

Ciselez l'échalote et concassez les noix. Coupez l'autre moitié des parures d'artichaut en brunoise.
Dans une sauteuse avec 20 g de beurre, faites suer l'échalote quelques minutes et ajoutez la brunoise d'artichaut. Ajoutez un peu de barigoule au fur et à mesure, comme vous le feriez pour un risotto, jusqu'à ce que les parures soient cuites. En fin de cuisson, ajoutez le mascarpone puis les noix.
Au moment de dresser, ajoutez le fromage râpé.

POUR LE SIPHON DE BARIGOULE

Mettez les jaunes d'œufs sous vide. Faites-les cuire à la vapeur à 70 °C pendant 25 minutes puis laissez refroidir complètement.
Si vous n'avez pas d'appareil à mettre et cuire sous vide, vous pouvez confire vos œufs en les plaçant entiers au congélateur pendant 2 heures. Retirez ensuite la coquille et le blanc et poursuivez la recette de la même façon.

Faites fondre le beurre, puis mixez tous les ingrédients ensemble.
Versez dans le siphon et ajoutez 2 cartouches de gaz.

POUR LA SUBLIMATION VOLANTE

Mélangez tous les ingrédients à l'aide d'un mixeur plongeant.
Raccordez un diffuseur d'air d'aquarium et une bouteille d'hélium au fond d'un verre haut ou utilisez un kit VOM.
Mettez le mélange dans le verre et faites sortir de l'hélium pour réaliser la sublimation.

POUR LE DRESSAGE

Déposez 8 billes d'artichaut dans chaque assiette, puis le risotto d'artichauts et la melba de pain. Ensuite rajoutez la purée d'artichauts, le caviar et 3 câpres par assiette.
Servez les feuilles d'artichauts froides garnies d'un peu de purée en accompagnement avec la sublimation volante.

Pour
4 personnes

Préparation
1 h 30

Temps de repos
40 minutes

Temps de cuisson
30 minutes

INGRÉDIENTS

• Fond de tarte
- 100 g de farine
- 80 g de poudre d'amandes
- 8 g de sucre
- 4 g de sel
- 2 jaunes d'œufs
- 6 cl d'eau
- 20 cl d'huile de pépins de raisin
- Un peu de beurre fondu pour graisser les moules ou de la graisse en bombe

• Soubise d'oignon
- 2 oignons jaunes
- 75 cl de bière blonde
- 20 g de beurre noisette
- Sel, poivre
- 1 pincée de noix de muscade

• Garniture de carottes
- 2 carottes jaunes
- 2 carottes orange
- 10 graines de cardamome
- Quelques fleurs de saison (fleurs d'oignons comestibles ou autres)
- Sel, poivre

• Gel de calamansi
- 1 gousse de vanille
- 100 g de vinaigre de calamansi
- 25 cl d'eau
- 3 g d'agar-agar

USTENSILES
- Film alimentaire
- 4 moules à tartelette de 7 cm de diamètre
- Un emporte-pièce de 10 cm de diamètre
- Une cuillère à pomme parisienne de 12 mm de diamètre
- Une centrifugeuse ou 37 cl de jus de carotte du commerce

Tartelettes carotte

POUR LE FOND DE TARTE

Dans un cul de poule, mélangez la farine, la poudre d'amandes, le sel et le sucre. Faites un puits au milieu, ajoutez les jaunes d'œufs, l'eau et l'huile. À l'aide d'une fourchette, incorporez petit à petit les jaunes. Finissez de pétrir à la main pour obtenir une pâte homogène. Aplatissez-la, filmez-la et laissez reposer au réfrigérateur pendant 20 minutes.

Préchauffez le four à 160 °C.
Étalez finement la pâte et réalisez 4 disques de pâte à l'emporte-pièce. Graissez l'extérieur des moules à tartelette et déposez chaque disque sur le dos d'un moule. Enfournez et faites cuire pendant 20 minutes. Retirez du four et laissez refroidir complètement avant de démouler.

POUR LA SOUBISE D'OIGNON

Pelez et émincez les oignons.
Versez-les dans une casserole et ajoutez la bière à hauteur avec le beurre. Assaisonnez avec sel, poivre et noix de muscade. Laissez cuire à feu doux jusqu'à obtenir une compotée sans coloration, puis réservez au chaud.

POUR LES CAROTTES

Lavez et épluchez les carottes. Réalisez des billes à l'aide de la cuillère à pomme parisienne. Conservez les parures et centrifugez-les pour obtenir un jus (ou utilisez le jus de carotte du commerce).
Faites chauffer le jus de carotte et la cardamome dans une casserole. Portez à ébullition et ajoutez les billes de carotte. Faites-les cuire dans ce jus jusqu'à ce qu'elles soient fondantes. Vérifiez la cuisson en plantant une pointe de couteau dans une bille.

POUR LE GEL DE CALAMANSI

Fendez la gousse de vanille en deux et prélevez les grains. Dans une casserole, mélangez la moitié du vinaigre de calamansi, l'eau, les grains de vanille, l'agar-agar puis portez à ébullition. Retirez du feu et débarrassez dans un bol puis laissez au réfrigérateur jusqu'à ce que le gel soit pris. Mixez en ajoutant le reste de vinaigre jusqu'à obtenir un gel lisse.

POUR LE DRESSAGE

Garnissez les fonds de tarte avec la soubise d'oignon. Ajoutez les billes chaudes en damier, comblez les trous avec le gel de calamansi, terminez la présentation avec quelques fleurs de saison.

Pour
4 personnes

Préparation
30 minutes

Temps de cuisson
20 minutes

Temps de repos
3 heures

INGRÉDIENTS

- **Huile aromatisée**
  - 1 gousse d'ail
  - 30 cl d'huile d'olive
  - 1 branche de thym frais

- **Gouttes de courgette**
  - 1 kg de courgettes jaunes

- **Granité Tonic**
  - 1 citron jaune
  - 1 Schweppes® Tonic

- **Royale de courgette jaune**
  - 600 g de chair de courgette jaune
  - 40 g de beurre
  - 150 g de lait
  - 150 g de crème liquide
  - 7 œufs entiers
  - 2 jaunes d'œufs

- **Dressage**
  - 32 g de caviar (ou d'œufs de poisson fumé)

USTENSILES

- Un thermomètre de cuisson
- Une mandoline
- Un emporte-pièce de 7 cm de diamètre
- 2 emporte-pièces en forme de goutte, l'un de 2,5 x 1,5 cm, l'autre de 3,5 x 2,5 cm
- Un cercle rond de 3 cm
- Un four vapeur
- Un cadre en Inox

Courgettes jaunes royales

POUR L'HUILE AROMATISÉE

Pelez la gousse d'ail et écrasez-la. Faites chauffer l'huile d'olive à 70 °C avec l'ail et la branche de thym. Laissez refroidir complètement.

POUR LES GOUTTES DE COURGETTE

Coupez la peau des courgettes à la mandoline et réalisez de belles bandes de 2 mm d'épaisseur.
À l'aide des emporte-pièces, détaillez des gouttes et mettez-les à mariner 3 heures dans l'huile d'olive aromatisée au thym.

POUR LE GRANITÉ TONIC

Zestez le citron jaune, puis pressez le jus. Mélangez le jus et les zestes de citron avec le Schweppes® et placez au congélateur pendant 2 heures jusqu'à former un bloc. Grattez le bloc à l'aide d'une fourchette pour obtenir la texture de granité, juste avant le dressage.

POUR LA ROYALE DE COURGETTE JAUNE

Préchauffez le four vapeur à 90 °C.
Taillez l'intérieur des courgettes grossièrement et faites-les revenir à la poêle avec le beurre. Faites-les colorer et légèrement sécher dans la poêle, puis mixez-les.
Mélangez le lait, la crème, les œufs et 600 g de chair de courgette. Mixez et versez dans un cadre préalablement graissé.
Faites cuire pendant 20 minutes à 90 °C à la vapeur.
Détaillez la royale en cercles de 7 cm.

POUR LE DRESSAGE

Dans le fond de 4 assiettes plates, placez un cercle de royale de courgette jaune, plantez dedans des gouttes de courgette.
Répartissez le caviar dans les assiettes. Dans un petit récipient à côté, servez le granité Tonic en accompagnement.

Pour
4 personnes

Préparation
50 minutes

Temps de cuisson
2 heures

Temps de séchage
4 heures

INGRÉDIENTS

• Fenouil
- 2 gros fenouils
- 4 anis étoilés
- 10 g de graines de fenouil
- 2 tiges de romarin
- 1 gousse d'ail
- 10 cl de beurre clarifié

• Meringue fenouil
- 3 gros fenouils
- 120 g d'eau
- 50 g de sucre
- 20 g de blanc d'œuf en poudre
- 2 g de sel
- 1 bouchon de pastis
- 10 g de noix de pécan concassées

• Pesto
- 100 g de pignons de pin
- 7 g d'ail
- ½ botte de basilic
- 1 c. à s. de barbes de fenouil
- 75 g de parmesan
- 50 g d'huile d'olive

• Beurre blanc basilic
- 1 grosse échalote
- 10 cl de vin blanc
- 5 cl de vinaigre blanc
- 150 g de beurre pommade
- ½ bouquet de basilic

• Laquage
- 1 citron vert bio
- 3 bâtons de citronnelle
- 1 pointe de couteau de poudre de xanthane

USTENSILES
- Un four vapeur
- Une machine à mettre sous vide
- Un chinois étamine
- Un thermomètre de cuisson allant à 121 °C.
- Une plaque recouverte d'un tapis de cuisson type Silpat®
- Un mixeur
- Une centrifugeuse

Fenouil au pesto

POUR LE FENOUIL

Préchauffez le four vapeur à 95 °C.
Coupez les fenouils en deux dans la longueur. Répartissez les ingrédients en deux parts égales. Mettez chaque part dans un sac sous vide et fermez-le hermétiquement. Faites cuire pendant 2 heures.

POUR LA MERINGUE FENOUIL

Mixez le fenouil avec 110 g d'eau puis passez l'ensemble au chinois étamine pour obtenir une eau de fenouil.
Dans une casserole, versez le sucre et le reste d'eau. Portez à ébullition. Vérifiez régulièrement la température avec le thermomètre jusqu'à atteindre un sirop à 121 °C.

Montez en neige le blanc d'œuf en poudre, le sel et l'eau de fenouil puis ajoutez le pastis. Mélangez délicatement.
Préchauffez le four à 70 °C.
Étalez sur un tapis de cuisson sur 3 mm d'épaisseur, ajoutez les noix de pécan et séchez à 70 °C pendant 4 heures.

POUR LE PESTO

Préchauffez le four à 160 °C.
Étalez les pignons sur la plaque de cuisson puis faites-les torréfier au four pendant 5 à 8 minutes.
Pelez l'ail puis mixez-le avec le basilic, les barbes de fenouil, les pignons et le parmesan. Versez l'huile petit à petit en continuant de mixer.

« Un produit que je travaille du talon à la barbe sans en perdre une miette. »

POUR LE BEURRE BLANC BASILIC

Ciselez l'échalote. Dans une casserole, versez l'échalote, le vin blanc et le vinaigre. Faites réduire la sauce à feu moyen jusqu'à ce que l'échalote soit bien cuite et la sauce réduite.
Incorporez le beurre pommade petit à petit au fouet pour donner de la texture. Mixez ensuite avec le basilic.

POUR LE LAQUAGE

Centrifugez la citronnelle, mélangez le jus avec le jus du citron vert. Ajoutez la poudre de xanthane au fouet et mélangez énergiquement.

POUR LA FINITION

Creusez chaque moitié de fenouil pour retirer les parties un peu dures, garnissez chaque demi-fenouil de pesto.
Déposez un demi-fenouil par assiette, laquez-le au pinceau puis disposez des morceaux de meringue sur le dessus.
Servez avec le beurre blanc au basilic.

MOLÉCULAIRE

— La **cuisine moléculaire**, je l'ai apprise tout seul en **autodidacte**. J'adore, ça crée de la **surprise** pour les clients. —

Pour
4 personnes

Préparation
30 minutes

Temps de cuisson
30 minutes environ

LA RECETTE
EN VIDÉO

INGRÉDIENTS

• Moules marinières
- 500 g de moules fraîches type bouchot
- 1 branche de céleri
- 3 échalotes
- 50 g de beurre
- ¼ de botte de persil
- 25 cl de vin blanc
- 200 g de crème épaisse type crème d'Isigny

• Frites soufflées
- 4 pommes de terre à chair farineuse type Agria

USTENSILES
- Un couteau très coupant
- Du papier absorbant
- Deux friteuses
- Une pince en Inox pour friture
- Un faitout
- Une poche munie d'une douille unie

Frites soufflées, moules marinières

POUR LES MOULES MARINIÈRES

Grattez et ébarbez les coquilles des moules.
Pelez et détaillez grossièrement les échalotes. Coupez grossièrement la branche de céleri.
Dans un grand faitout, faites fondre le beurre, puis revenir le céleri et les échalotes. Ajoutez les moules et le vin blanc. Laissez cuire à couvert à feu vif jusqu'à ce que les moules s'ouvrent. Ajoutez le persil haché, mélangez et retirez du feu.

Décortiquez les moules et hachez-les au couteau très finement. Conservez quelques coquilles de moule pour la recette de moules tatin p. 40.
Laissez refroidir les moules puis mélangez-les avec la crème. Rectifiez l'assaisonnement et garnissez la poche à douille de cette crème.

POUR LES FRITES SOUFFLÉES

Avec un couteau qui coupe très bien, réalisez des tranches de pomme de terre de l'épaisseur d'une pièce de 2 euros. Le taillage doit être net et sans accroc.
Puis détaillez ces tranches en rectangle de la taille des frites que vous désirez. Tamponnez les rectangles de pommes de terre avec le papier absorbant pour retirer l'excès de fécule.

Faites chauffer les deux friteuses, l'une avec un bain à 140 °C, l'autre à 180 °C.
Dans le bain à 140 °C, plongez les rectangles et remuez-les sans arrêt en les entrechoquant. Dès qu'une bulle se forme à l'intérieur d'un rectangle de pomme de terre, plongez-le immédiatement dans le bain à 180 °C et continuez à remuer : les frites vont gonfler.
Attention aux éclaboussures d'huile chaude.

POUR LE DRESSAGE

Avec la pointe de la lame d'un couteau, faites deux petites incisions sous chacune des frites. À l'aide de la poche à douille, garnissez chaque frite avec la préparation aux moules.

« La frite surprise ! »

Pour
4 personnes

Préparation
2 heures

Temps de cuisson
3 heures

INGRÉDIENTS

- **Jus de veau à l'hydromel**
- 750 g de parures de veau (à demander à votre boucher)
- 3 échalotes
- 50 cl de vin rouge
- 1,5 l d'eau
- 1 feuille de laurier
- 2 branches de romarin
- 3 cl d'hydromel

- **Échalotes confites**
- 4 échalotes
- 1 lit de gros sel
- 100 g de sucre
- 50 g de miel
- 25 cl de vinaigre Pedro Ximenes
- 1 gousse d'ail
- 1 branche de romarin

- **Côtes de veau**
- 2 côtes de veau façon tomahawk préparées par votre boucher
- 100 g de beurre clarifié
- 1 branche de thym
- 1 branche de romarin
- 1 gousse d'ail
- 50 g de beurre

- **Asperges sauvages**
- 75 g d'asperges sauvages
- 10 cl de bouillon de poule
- 1 gousse d'ail
- 2 branches de thym

- **Nid d'abeille de macaronis**
- 400 g de macaronis zita n°18

- **Girolles**
- 20 petites girolles
- 20 g de beurre
- 1 gousse d'ail
- 1 branche de thym frais

Côtes de veau, asperges sauvages

POUR LE JUS DE VEAU À L'HYDROMEL

Pelez et hachez les échalotes. Faites bien colorer les parures de veau dans une grande casserole. Ajoutez les échalotes jusqu'à coloration puis déglacez au vin rouge et flambez. Mouillez avec l'eau et faites réduire 1 h 30 à feu doux, jusqu'à ce que le jus soit sirupeux.
Faites infuser le laurier et le romarin pendant 10 minutes, puis passez le jus au chinois étamine. Terminez en ajoutant l'hydromel et réservez.

POUR LES ÉCHALOTES CONFITES

Déposez les échalotes entières avec la peau sur une plaque de cuisson garnie de gros sel. Enfournez à 180 °C pendant 1 heure.
Dans une casserole, faites blondir le sucre et le miel. Lorsque le mélange commence à caraméliser, déglacez avec le vinaigre. Ajoutez l'ail, le romarin, les échalotes épluchées dans la préparation.

POUR LES CÔTES DE VEAU

Colorez les côtes de veau dans une poêle avec le beurre clarifié. Laissez refroidir les côtes puis mettez-les sous vide avec le thym, le romarin et l'ail. Faites cuire au four vapeur à 52 °C en vérifiant la cuisson avec la sonde.
Lorsque la sonde atteint les 52 °C (comptez 1 heure environ), stoppez la cuisson et réservez.

POUR LES ASPERGES SAUVAGES

Dans une casserole, versez le bouillon de poule, la gousse d'ail pelée entière, le thym et portez à ébullition. Plongez les asperges sauvages dans l'eau et faites-les cuire quelques minutes jusqu'à ce qu'elles soient fondantes.

- **Purée d'asperges vertes**
- 1 échalote
- ½ oignon
- 20 g de beurre
- 7,5 cl de lait
- 2 asperges vertes

- **Purée de girolles à l'huile de noisette**
- 250 g de girolles
- 50 g de beurre
- 1 oignon
- 10 cl de crème
- 2 c. à s. de l'huile de noisette

- **Tuile miel et thym**
- 50 g de beurre noisette
- 2 branches de thym
- 50 g de farine
- 50 g de blancs d'œufs
- 25 g de miel

USTENSILES
- Une plaque de cuisson
- Un appareil à mettre sous vide
- Un four vapeur
- Un thermomètre sonde
- Film alimentaire
- Un mixeur
- Une plaque de cuisson en silicone en forme de nid d'abeille

« La recette waouh du dimanche ! »

POUR LE NID D'ABEILLE DE MACARONIS

Faites cuire les macaronis dans de l'eau bouillante salée en suivant le temps de cuisson indiqué sur le paquet. Égouttez-les sans les refroidir et formez un rouleau avec les pâtes en les collant les unes à côté des autres. Filmez dans du film alimentaire. Une fois le rouleau refroidi, détaillez des tronçons de 4 à 5 cm d'épaisseur puis réservez.

POUR LES GIROLLES

Nettoyez les girolles délicatement en les époussetant et en coupant les pieds trop secs. Dans une casserole, faites fondre une noisette de beurre, ajoutez la gousse d'ail pelée et la branche de thym. Faites cuire les girolles à feu doux jusqu'à légère coloration.

POUR LA PURÉE D'ASPERGES VERTES

Pelez et l'échalote et l'oignon. Faites cuire les asperges vertes dans de l'eau bouillante salée.
Dans une poêle, faites suer l'échalote et l'oignon et déglacez avec le lait, puis ajoutez les asperges. Mixez l'ensemble et séchez sur du papier absorbant pour retirer l'excès d'eau et pour que la purée ait de la tenue.

POUR LA PURÉE DE GIROLLES À L'HUILE DE NOISETTE

Faites colorer les girolles dans une poêle avec le beurre, puis ajoutez l'oignon pelé et émincé. Ajoutez la crème, laissez réduire un peu. Retirez du feu et mixez. Desséchez la purée dans la poêle avec un peu de beurre, à l'aide d'un petit fouet. Mélangez pour décoller les sucs. Ajoutez l'huile de noisette et émulsionnez un peu.

POUR LA TUILE MIEL ET THYM

Dans une casserole, versez le beurre et le thym, puis laissez cuire à feu doux jusqu'à obtenir un beurre légèrement noisette. Passez au chinois étamine pour retirer les brins d'herbe et les dépôts de calcium. Versez le beurre dans un cul de poule et laissez refroidir complètement. Ajoutez tous les autres ingrédients et mélangez bien pour obtenir la pâte à tuile.
Préchauffez le four à 160 °C. Sur le moule nid d'abeille, étalez l'appareil à tuile et enfournez pour 6 minutes.

POUR LE DRESSAGE

Dans chaque assiette, déposez un tronçon de macaronis, garni de quelques points de jus de veau à l'hydromel. Ajoutez un morceau de tuile de nid d'abeille. Disposez quelques asperges sauvages, des girolles, des points de purée de girolles et de purée d'asperges vertes dressés à la poche.
Servez à part une côte de veau à partager pour deux personnes, avec les échalotes confites.

Pour
4 personnes

Préparation
35 minutes

Temps de cuisson
45 minutes

INGRÉDIENTS

• Sablé noisette
- 1 jaune d'œuf
- 15 g de sucre
- 100 g de farine
- 50 g de poudre de noisettes
- 72 g de beurre fondu
- 5 g de sel
- 1 c. à s. de charbon naturel en poudre

• Guacamole
- 2 avocats
- 4 c. à s. de piment d'Espelette fumé
- 1 filet d'huile d'olive
- ¼ de botte de coriandre
- 2 c. à s. de jus de yuzu
- 1 c. à c. de sel fumé

• Dés de volaille
- 2 blancs de volaille
- 400 g d'oignons doux des Cévennes
- 20 g de beurre
- 20 cl de crème liquide
- 1 c. à s. d'huile de noisette
- Carraghénane kappa

• Pâte d'ail ou de citron noir
- 50 g d'ail noir ou de citron noir

USTENSILES
- Une plaque recouverte d'un tapis de cuisson type Silpat®
- Un mixeur
- Deux poches munies de douilles rondes de 5 mm de diamètre
- Une machine à mettre sous vide
- Film alimentaire
- Un four vapeur
- Une sonde de cuisson
- Une pique

Rubik's cube de volaille

POUR LE SABLÉ NOISETTE

Battez le jaune avec le sucre, ajoutez la farine et la poudre de noisettes. Ajoutez le beurre fondu, le sel et le charbon. Travaillez pour obtenir une consistance homogène.
Préchauffez le four à 170 °C. Étalez la pâte sur 2 à 3 mm d'épaisseur. Détaillez 12 carrés de 6 cm de côté, déposez-les sur la plaque recouverte du tapis de cuisson et enfournez pour 15 minutes.

POUR LE GUACAMOLE

Pelez les avocats. Mixez tous les ingrédients ensemble. Garnissez une des poches munie d'une douille ronde avec ce guacamole.

POUR LES DÉS DE VOLAILLE

Mettez les blancs de volaille dans un sac plastique sous vide. Faites-les cuire au four vapeur. Lorsque la volaille atteint les 61 °C à cœur, stoppez la cuisson. Si vous n'avez pas de machine à mettre sous-vide ou de four vapeur, enroulez vos filets de poulet bien hermétiquement dans du film alimentaire puis faites-les cuire dans un panier vapeur.
Refroidissez la volaille en passant le sac sous l'eau fraîche puis détaillez des cubes de 2 cm de côté.

Pelez et émincez les oignons. Dans une casserole, faites suer les oignons avec le beurre à feu moyen sans coloration. Déglacez avec la crème et mixez avec l'huile de noisette.
Pesez le mélange et ajoutez 1 g de kappa tous les 100 g de mélange. Versez dans une casserole et faites chauffer 2 minutes.
À l'aide d'une pique, trempez les cubes de volailles deux fois de suite dans le mélange d'oignons en laissant légèrement refroidir entre deux trempages.

POUR LA PÂTE D'AIL OU DE CITRON NOIR

Mixez finement l'ail ou le citron noir jusqu'à l'obtention d'une pâte homogène. Mettez la pâte noire dans l'autre poche munie d'une douille unie.

POUR LE DRESSAGE

Dans chaque assiette, faites un petit point de guacamole et déposez une plaque de sablé noisette.
Sur le dessus, en alternance, déposez du guacamole, des dés de volaille et de la pâte noire. Ajoutez une nouvelle plaque, et renouvelez l'opération, puis une dernière fois avec la troisième plaque de sablé.

« Plus facile en cuisine ! »

Pour
4 personnes

Préparation
2 heures

Temps de repos
1 heure

Temps de cuisson
2 h 30

INGRÉDIENTS
- 4 pigeons
- 250 g de beurre pour la finition

• Poudre d'herbes
- 1 bouquet d'herbes mélangées (estragon, coriandre, menthe, persil)

• Jus de pigeon
- 3 échalotes + 50 g
- 100 g de cerises
- 1,5 kg de parures de volaille
- 1 l de vin rouge
- 2 l d'eau
- 50 cl de jus de cerise

• Farce à gyozas
- 200 g de sucrine
- 50 g d'oignon
- 1 gousse d'ail
- 125 g de cerises
- 30 g de beurre
- 1 branche de thym

• Pâte à gyozas
- 125 g de farine
- 85 g d'eau
- 2 g de sel

• Gelée de vinaigre de cerise tonka
- 100 g de vinaigre de cerise noire et fève tonka
- 1,5 g d'agar-agar

• Farce sucrine
- 35 g de foies de pigeon ou de volaille hachée
- 12 g d'échalote ciselée
- 17 g de cerise hachée
- 60 g de sucrine émincée
- 1 bouchon de whisky Jack Daniel's®

Pigeon cerise

POUR LA POUDRE D'HERBES

Déposez les herbes sur la plaque recouverte du tapis de cuisson et faites sécher 4 heures à 60 °C. Mixez très finement.

POUR LES PIGEONS

Découpez les pattes de pigeon (comme pour un poulet) et laissez les filets sur le coffre.
Retirez la peau et les os des cuisses, la chair servira pour les autres recettes de ce plat.

POUR LE JUS DE PIGEON

Pelez et émincez les 3 échalotes. Ciselez finement les 50 g restants. Dénoyautez et hachez les cerises.

Colorez les parures de volaille et les os de pigeon dans une grande casserole, ajoutez les échalotes émincées. Retirez l'excès de gras à l'aide d'un pochon, déglacez au vin rouge, puis faites réduire de moitié la préparation. Ajoutez l'eau, laissez mijoter pendant 2 heures à couvert. Faites ensuite réduire à feu vif jusqu'à ce que le jus nappe une cuillère et réservez.
Dans une casserole, faites réduire à feu vif le jus de cerise jusqu'à l'obtention d'un caramel.

Dans une autre casserole, faites suer les échalotes ciselées et les cerises hachées avec une noisette de beurre. Ajoutez le jus de pigeon, puis la réduction de jus de cerise et mélangez bien. Réservez.

- 12 g de chair de pigeon
- 34 g de chair de volaille
- 1 branche d'estragon ciselé
- 5 g de mie de pain

• Sucrine à farcir
- 2 sucrines
- Le jus de 1 citron
- 1 branche d'estragon
- 1 branche de romarin
- 1 branche de thym
- 1 gousse d'ail
- 3 cl de jus de cerise
- 20 g de beurre
- 1 cl d'huile olive

• Caillette
- 25 g d'échalote
- 60 g de cerises
- 50 g de cœurs et foies de pigeon
- 2 branches d'estragon
- 75 g de chair de pigeon
- 50 g de chair de volaille (poulet ou dinde)
- 5 cl de crème liquide
- 1 œuf entier
- 20 g de beurre
- 1 bouchon de whisky Jack Daniel's®
- 2 cl de jus de cerise
- 2 cl de jus de betterave

• Condiment grué
- 50 g de sucre
- 15 g de vinaigre Pedro Ximenes
- 25 g de jus de cerise
- 50 g de grué de cacao

USTENSILES
- Une plaque recouverte d'un tapis de cuisson type Silpat®
- Un mixeur
- Un emporte-pièce rond de 7 cm de diamètre
- Une machine à mettre sous-vide
- Un four vapeur
- Un tamis fin
- Une plaque en silicone de demi-sphères de 1 cm de diamètre

POUR LA FARCE À GYOZAS

Émincez les sucrines. Pelez et émincez l'oignon. Pelez et écrasez la gousse d'ail. Dénoyautez et hachez les cerises.
Faites revenir les sucrines et l'oignon pendant 5 minutes à la poêle dans le beurre.
Ajoutez l'ail et le thym puis laissez mijoter 10 minutes. Retirez le thym et ajoutez les cerises. Retirez du feu.

POUR LES GYOZAS

Mélangez tous les ingrédients de la pâte dans un cul de poule. Travaillez jusqu'à l'obtention d'une pâte homogène.
Étalez-la sur 1 mm d'épaisseur et détaillez des cercles de 7 cm de diamètre.
Au milieu de chaque cercle de pâte, déposez une cuillère à café de farce à gyoza. Pliez chaque cercle de pâte en deux pour former une raviole en demi-lune. Pincez le centre de la demi-lune du coté arrondi pour sceller les deux côtés du gyoza entre eux. Faites des plis avec la pâte supérieure du gyoza en allant vers le haut de la raviole puis faites la même chose vers le bas de la raviole. Scellez la pâte supérieure à la pâte inférieure en appuyant simplement. Répétez l'opération pour tous les gyozas.

POUR LA GELÉE DE VINAIGRE DE CERISE TONKA

Faites bouillir le vinaigre, ajoutez l'agar-agar et laissez cuire 5 minutes. Laissez refroidir 1 heure au réfrigérateur. Mixez jusqu'à obtenir une gelée homogène et souple. Si lors du mixage la substance est trop épaisse et se mixe mal, ajoutez un petit peu de vinaigre.

POUR LA FARCE SUCRINE

Hachez les foies de pigeon et volaille. Pelez et ciselez l'échalote. Émincez la sucrine. Dénoyautez et hachez les cerises.
Dans une poêle, avec la moitié du beurre, faites cuire la sucrine et les échalotes quelques minutes.
Dans une autre poêle, avec le reste de beurre, faites colorer les foies et cœurs puis déglacez au whisky. Mixez la chair de pigeon et de volaille avec la mie de pain.
Laissez tout refroidir, puis mélangez tous les ingrédients de la farce.

POUR LA SUCRINE FARCIE

Coupez les sucrines en deux dans la longueur. Retirez les centres un peu durs. Garnissez-les de farce.
Préchauffez le four vapeur à 85 °C.
Mettez les sucrines sous vide avec les herbes, l'ail, le jus de cerise, le jus de citron et faites cuire au four vapeur pendant 25 minutes.
Une fois cuites, faites colorer les sucrines dans un mélange de beurre et d'huile.

POUR LA CAILLETTE

Pelez et ciselez les échalotes. Hachez les cerises. Hachez les cœurs et foies de pigeon. Ciselez l'estragon.
Mixez les chairs avec la crème et l'œuf, puis passez au tamis pour retirer les nerfs. Laissez refroidir.
Faites revenir les cœurs et foies dans une poêle avec le beurre, ajoutez les échalotes et les cerises.
Déglacez et flambez au whisky, ajoutez le jus de cerise et le jus de betterave, faites réduire jusqu'à ce que le mélange soit sirupeux. Laissez refroidir.
Une fois refroidies, mélangez les deux préparations, puis chemisez dans les moules en demi-sphère.
Préchauffez le four à 180 °C.
Enfournez pour 4 minutes puis sortez du four.

POUR LE CONDIMENT GRUÉ

Dans une casserole, réalisez un caramel à sec avec le sucre puis déglacez-le avec le vinaigre et le jus de cerise.
Torréfiez à sec le grué de cacao à la poêle pendant 5 minutes, versez le caramel au vinaigre, laissez cuire à feu doux pendant 10 minutes. Mixez l'ensemble.

POUR LA FINITION

Faites cuire les gyozas à la poêle avec un filet d'huile d'olive. Faites-les dorer uniquement d'un seul côté. Ajoutez un peu d'eau dans la poêle, couvrez et laissez cuire les gyozas 10 minutes de plus à l'étouffée.

Chauffez le jus de pigeon dans une casserole et ajoutez les caillettes pendant 10 minutes.

Préchauffez le four à 180 °C.
Dans une poêle, colorez au beurre les filets de pigeons sur le coffre, puis nourrissez (arrosez) avec du beurre fondu pendant 3 minutes. Retirez du feu et laissez reposer 10 minutes. Enfournez les coffres pour 4 minutes puis levez les filets.
Faites réchauffer les sucrines au four pendant 4 minutes. Saupoudrez un peu de poudre d'herbes sur les sucrines à la passette pour leur redonner une belle couleur verte.

POUR LE DRESSAGE

Dans chaque assiette, déposez un filet de pigeon, une demi-sucrine farcie saupoudrée d'un peu de poudre d'herbes et une caillette. Utilisez le grué de cacao en condiment.
Servez les gyozas avec la gelée de vinaigre de cerise tonka.

« Le pigeon voyageur de retour du Japon. »

Pour
4 personnes

Préparation
1 heure

Temps de cuisson
1 h 30

INGRÉDIENTS

• Siphon pain grillé
- 25 cl de bouillon de poule
- 20 cl de crème liquide
- 3 g d'agar-agar
- 75 g d'huile de pépins de raisin
- 50 g de pain grillé râpé + quelques grammes râpés pour le dessus du capuccino
- 2 feuilles de gélatine

• Purée de pommes de terre ratte
- 800 g de pommes de terre ratte
- 1 l de lait
- 400 g de beurre
- 60 g de truffe hachée ou 20 g de tapenade d'olives

USTENSILES
- Un siphon et 2 cartouches de gaz
- Un moulin à légumes

Cappuccino pain grillé

POUR LE SIPHON PAIN GRILLÉ

Dans une casserole, faites bouillir le bouillon de poule avec la crème, baissez à feu moyen et laissez cuire pendant 20 minutes. Ajoutez l'agar-agar, laissez cuire 4 minutes de plus. Le mélange doit être légèrement nappant. Ajoutez l'huile, le pain grillé et laissez infuser 30 minutes supplémentaire. Mixez le tout.
Réhydratez les feuilles de gélatine dans un grand volume d'eau froide, puis égouttez-les et ajoutez-les à la préparation. Versez le mélange chaud dans le siphon et cartouchez deux fois.

POUR LA PURÉE DE POMMES DE TERRE RATTE

Faites cuire les pommes de terre avec la peau dans de l'eau avec du gros sel au minimum 1 h 30 à feu doux. Vous ne devez sentir aucune résistance dans la peau et dans la chair de la pomme de terre quand vous la piquez avec la lame d'un couteau.

Faites tiédir le lait dans une casserole. Une fois les pommes de terre cuites, épluchez-les sans les refroidir et plongez-les dans le lait tiède. Quand toutes les pommes de terre sont épluchées, passez-les au moulin à légumes. Ajoutez le beurre détaillé en petit morceaux et mélangez énergiquement la purée. Si la purée est un peu trop épaisse, ajoutez un peu de lait chaud. Salez, poivrez.

POUR LE DRESSAGE

Commencez à remplir vos tasses de présentation avec la purée de pommes de terre ratte puis avec la truffe (ou la tapenade) et le siphon de pain grillé. Terminez avec un peu de pain grillé râpé sur le dessus de la mousse.

« Le plat signature du Bayview revisité à ma façon. »

Pour
4 personnes

Préparation
1 heure

Temps de cuisson
1 heure

INGRÉDIENTS

- 20 petits cèpes
- 250 g de graisse de canard
- 3 gousses d'ail
- 2 branches de thym
- Quelques feuilles de persil frais
- Quelques fleurs comestibles

• Chlorophylle de persil

- 2 bottes de persil

• Beurre persillé

- 1 botte de persil
- 250 g de beurre
- 3 pincées de sel
- 20 g d'ail dégermé
- 1 bouchon de pastis

• Sublimation cèpe

- 400 g d'eau
- 200 g de sirop de canne
- 5 g d'extrait de cèpe (maison ou d'un magasin bio, par exemple l'arôme naturel Néroliane®)
- 6 g de sucro (ou sucroester, en magasin spécialisé de cuisine, par exemple sous la marque Sosa®)
- 2 g de sel

• Sublimation persil

- 400 g d'eau
- 200 g de sirop de canne
- 22 g de chlorophylle de persil
- 6 g de sucro (ou sucroester)
- 4 g de sel

• Sublimation ail

- 400 g d'eau
- 200 g de sirop de canne
- 5 g d'extrait d'ail (maison ou du magasin Néroliane)
- 6 g de sucro (ou sucroester)
- 2 g de sel
- 3 à 4 g de neige carbonique

USTENSILES

- Une plancha ou une plaque de fonte
- Un mixeur plongeant

Cèpes en persillade – 3 sublimations

PRÉPARATION

Lavez les cèpes sous un filet d'eau froide.
Dans une sauteuse, faites fondre la graisse de canard à feu doux avec l'ail entier et le thym.

Tranchez les cèpes, marquez-les en cuisson en les saisissant de chaque côté à la plancha ou sur une plaque de fonte bien chaude. Déposez-les dans une sauteuse avec la graisse de canard pour finir la cuisson pendant 1 heure. Salez, poivrez.

POUR LA CHLOROPHYLLE DE PERSIL

Lavez et équeutez le persil. Faites-le blanchir quelques minutes dans de l'eau bouillante salée puis refroidissez-le rapidement dans de l'eau glacée. Mixez le persil finement avec un peu d'eau si nécessaire jusqu'à l'obtention d'un liquide homogène.

POUR LA SUBLIMATION CÈPE

Mélangez tous les ingrédients à l'aide du mixeur plongeant et réservez.

POUR LA SUBLIMATION PERSIL

Mélangez tous les ingrédients à l'aide du mixeur plongeant et réservez.

POUR LA SUBLIMATION AIL

Mélangez tous les ingrédients à l'aide du mixeur plongeant et réservez.

POUR LE DRESSAGE FINAL

Répartissez les cèpes dans 4 assiettes. Ajoutez la chlorophylle de persil, quelques feuilles de persil frais et quelques fleurs comestibles.

Versez chaque sublimation dans un verre, puis déposez un petit morceau de neige carbonique à l'intérieur.

Pour déguster, testez les 3 sublimations ensemble. Puis savourez les cèpes avec les sublimations.

MAGIQUE

— J'adore aller **voir les clients** en salle au Bayview, je suis pas timide, alors je reste un peu avec eux, on discute, et si les clients partent avec les **yeux qui brillent**, c'est magique ! —

Pour
4 personnes

Préparation
45 minutes

Temps de cuisson
1 heure

Temps de séchage
7 heures

INGRÉDIENTS

• Poudre de persil
- 1 botte de persil

• Sablé citron
- 5 g de cèpes déshydratés
- 1 citron
- 1 orange
- 125 g de farine
- 20 g de sucre
- 30 g de beurre
- 5 g d'eau

• Cèpes
- 8 cèpes
- 100 g de graisse de canard
- 3 gousses d'ail
- 2 branches de thym

• Duxelles de champignons
- 50 g de champignons de Paris
- 40 g de cèpes déshydratés
- 2 échalotes
- 1 gousse d'ail
- 50 g de beurre

• Ballon à la bergamote
- 200 g d'isomalt
- 20 g de sirop de glucose
- 1 citron
- 6 gouttes d'extrait naturel de bergamote

USTENSILES
- Une plaque de cuisson recouverte de papier sulfurisé
- Un mixeur
- Un emporte-pièce rond de 8 cm de diamètre
- Un emporte-pièce rond de 7 cm de diamètre
- Un thermomètre de cuisson allant jusqu'à 120 °C
- Un sèche-cheveux

Tarte aux cèpes, ballon transparent

POUR LA POUDRE DE PERSIL

Rincez le persil et déposez-le sur la plaque de cuisson recouverte de papier sulfurisé ou dans un déshydrateur. Faites-le sécher à 70 °C pendant 7 heures, puis mixez pour obtenir une poudre.

POUR LE SABLÉ CITRON

Mixez les cèpes déshydratés en poudre. Zestez finement le citron et l'orange. Récupérez le jus du citron.
Dans un cul de poule, mélangez la farine, le sucre, la poudre de cèpes, les zestes d'agrume et le beurre. Sablez entre vos mains pour obtenir un sable grossier.
Ajoutez progressivement le jus de citron, l'eau, et travaillez pour obtenir une consistance homogène.
Préchauffez le four à 160 °C. Étalez la pâte sur 3 mm d'épaisseur, détaillez des cercles de 8 cm de diamètre et enfournez pour 15 à 20 minutes.

POUR LES CÈPES

Rincez les cèpes sous un filet d'eau froide afin de retirer la terre, grattez si nécessaire.
Dans une casserole, déposez les cèpes, l'ail pelé, le thym et la graisse de canard. Laissez cuire à feu doux pendant 1 heure, jusqu'à ce que les cèpes soient fondants.

Coupez au couteau les chapeaux des cèpes en lamelles très fines puis déposez-les sur un papier sulfurisé en les chevauchant légèrement. Détaillez en quatre cercles de 7 cm de diamètre. Découpez le papier sulfurisé autour des cercles.
Placez le papier sulfurisé recouvert de cèpes directement dans une poêle, à feu vif, faites colorer les cèpes puis réservez.

Tarte aux cèpes, ballon transparent

POUR LA DUXELLES DE CHAMPIGNONS

Rincez bien les champignons de Paris et détaillez-les grossièrement. Réhydratez les cèpes séchés dans deux bains d'eau claire successifs pendant environ 15 minutes.

Pelez et hachez l'ail finement. Pelez et ciselez l'échalote.
Dans une grande casserole, faites cuire les champignons de Paris à sec, laissez l'eau de végétation s'évaporer, puis faites-les colorer avec le beurre.
Ajoutez les pieds des cèpes frais ainsi que les cèpes réhydratés, et colorez également avec les champignons de Paris. Ajoutez les échalotes et l'ail, mélangez. Lorsque tout est bien cuit, retirez du feu et hachez au couteau.

POUR LE BALLON À LA BERGAMOTE

Mélangez tous les éléments de la recette dans une casserole et faites chauffer jusqu'à 120 °C. Laissez redescendre un peu en température jusqu'à ce que la texture soit un peu plus épaisse puis trempez un emporte-pièce rond en Inox à la surface. Retirez du mélange et à l'aide d'un sèche-cheveux ou de votre souffle, formez le ballon délicatement.

POUR LE DRESSAGE

Déposez un fond de tarte dans chaque assiette. Aidez-vous d'un emporte-pièce de 7 cm pour garnir les fonds de tarte de duxelles de champignons. Terminez en plaçant chaque cercle de cèpes sur chaque duxelles. Saupoudrez un peu de poudre de persil sur les tartes. Servez chaque tarte aux cèpes décorée d'un ballon à la bergamote.

- « Je suis à fond - POUR DANNY ! »

J'ai rencontré Danny pour la toute première fois lorsque j'étais Chef au Ritz. Avec sa famille, il est venu déguster un brunch. Je leur ai proposé de visiter les cuisines. En voyant sa frimousse de gamin, je me suis revu à son âge, quand j'ai commencé. J'ai senti dans son regard comme une accroche, l'impression que le métier pouvait lui plaire. Alors je lui ai détaillé toutes les parties de la brigade, en lui expliquant le travail et le rôle de chacun. À l'époque, je ne me suis pas rendu compte de l'importance de cette visite pour lui. Depuis, il m'a dit que ça l'avait vraiment touché que je lui consacre autant de temps : ça a été un vrai déclic pour lui, direction l'école hôtelière !

À la fin de son apprentissage, je l'ai embauché comme commis au Ritz. Il était studieux, intéressé mais discret et même un peu timide. Quand le Ritz a fermé pour travaux, Danny est parti chez Pierre Gagnaire, c'était l'occasion pour lui de voir d'autres façons de travailler. Quand j'ai pu reprendre le Bayview à Genève, je lui ai proposé de partir à l'aventure avec nous ! Il a commencé à travailler aux amuse-bouches, aux cuissons des légumes... Il se plaisait à Genève et avait envie de rester, et nous, on voulait créer une équipe soudée pour le Bayview, avec l'ambition d'être le meilleur restaurant gastronomique de la région.

Au fil des années, Danny est passé par tous les postes de la brigade, les cuissons, les sauces... Il était très régulier et c'est très important à ce niveau de gastronomie. Tous les jours, avec Danny, c'était du beau travail. Il a des bases très solides, il connaît bien ses classiques, c'est un excellent saucier, ce qui est un grand atout dans notre métier !

Quand j'élaborais les cartes avec l'équipe, j'ai vu sa créativité, sa vivacité, il n'arrêtait jamais de cogiter, il avait toujours des propositions, et petit à petit, il est devenu moins timide. Et puis il s'est plongé dans la culture du terroir genevois, des producteurs, des fournisseurs, il a bien appris son métier jusqu'à devenir le sous-chef de Laurent Wozniak puis de David Devel qui se sont succédé au Bayview.

En avril 2023, Danny a été nommé Chef du restaurant. C'était la suite logique pour lui avec son talent. Et comme on savait qu'il allait être très sollicité après Top Chef et qu'on voulait absolument le garder au Bayview, c'était le bon moment !

Ce qui me touche le plus chez Danny, au-delà de sa créativité en cuisine, c'est sa simplicité, son attitude, son sourire. C'est un garçon bien élevé, à l'écoute, qui reste droit dans ses bottes. Il gère très bien les gars de sa brigade, qu'ils soient jeunes ou moins jeunes. Et en retour, il sait qu'il peut compter sur eux en cuisine. Entre nous, on a une relation très forte et depuis longtemps, basée sur la confiance, la liberté, la fidélité. Il le sait, et c'est vrai que Danny, c'est un peu comme mon gamin.

Maintenant, il faut qu'il prenne le temps de savourer toutes les incroyables retombées de Top Chef. Mais je connais son envie de continuer dans la très haute gastronomie, de toujours aller de l'avant en continuant à faire plaisir aux gens, à les étonner, avec finesse et raffinement. Il veut devenir chef étoilé, faire d'autres concours, être reconnu dans le métier et je sais qu'il y arrivera car il a vraiment ça en lui. Je suis à fond pour Danny.

Chef Michel Roth

PAR

LE
par
- ta -
ge

HOTEL
PRESIDENT
GENEVA
Danny Khezzar
Chef du Bayview

- FAIRE PLAISIR aux gens avec ma cuisine, c'est le kiff complet ! -

À 4 ou 5 ans, je criais haut et fort que je voulais être un grand Chef ! Pas pour le prestige, ni pour la toque, mais parce que j'avais compris que ça faisait tellement plaisir aux gens de se retrouver à table devant un bon plat !

Je n'avais bien sûr aucune idée de ce que ça demanderait de travail, d'exigence et de patience ! Je n'imaginais pas le nombre d'heures à tailler des légumes, à faire des jus de viande, des fonds et des sauces. Quand j'ai commencé à cuisiner pour ma famille, pour mes amis, je me suis rendu compte qu'avoir la reconnaissance des gens, avoir l'impression de faire quelque chose de bien et de bon pour eux, c'est ce qui me plaisait !

Aujourd'hui, après l'aventure Top Chef, avec mon poste de Chef au Bayview, le rêve est une réalité. Je peux voir tous les jours l'effet de ma cuisine sur les gens ! Je reçois tellement de retours positifs ! Et ça me touche vraiment énormément.

Ce que je veux maintenant, c'est faire plaisir aux gens en leur donnant mes recettes et qu'ils puissent les reproduire : même si elles sont techniques et précises, elles sont fun ! C'est là que les réseaux sociaux sont dingues ! Montrer en un reel de quelques minutes, une technique, un geste ! Sheeeesh !! J'adore ça ! Et toujours avec la bonne musique qui va bien, c'est ma signature !

Dans ce chapitre j'ai repris les recettes que vous avez le plus aimées sur les réseaux ! Les olives trompe-l'œil, les ravioles tricolores, le guimauve yuzu, vulcano ! Et celles que vous avez peut-être loupées ! ;-)

Je vous donne les gestes et les astuces pour les refaire dans les moindres détails ! Sans triche !

Pour
4 personnes ou 20 olives

Préparation
30 minutes

Temps de cuisson
15 minutes

Temps de repos
1 h 30

LA RECETTE EN VIDÉO

INGRÉDIENTS

- 20 g d'olives taggiasche
- 4 c. à s. d'huile d'olive noire extra vierge (1ère pression à froid)
- 10 cl de porto rouge
- 10 cl de madère
- 100 g de beurre de cacao
- 1 c. à c. de colorant alimentaire vert

USTENSILES

- Un moule en silicone avec des alvéoles en forme d'olive
- 20 piques en bambou

Olive trompe-l'œil

Égouttez les olives taggiasche et gardez la saumure à part. Hachez les olives finement au couteau.
Mélangez 4 cuillères à soupe de saumure d'olive avec 4 cuillères à soupe d'huile d'olive.
Répartissez cette préparation dans le fond des alvéoles du moule à olive, puis placez au congélateur pendant 1 h 30.

Versez le porto et le madère dans une casserole, faites chauffer à feu doux et laissez réduire jusqu'à obtenir une texture épaisse comme un caramel.

Une fois la saumure d'olive bien congelée, répartissez les olives hachées dans les moules. Ajoutez 1 cuillère à café de réduction de porto par alvéole et terminez en recouvrant avec le reste de mélange de saumure.

Placez une pique bien droite dans chaque alvéole du moule et replacez au congélateur.

Dans une casserole, faites fondre à feux doux le beurre de cacao puis mélangez-le avec le colorant vert.
Démoulez les olives congelées et trempez-les chacune dans le beurre de cacao. Dès qu'il est figé, placez au réfrigérateur pour que la coque se forme et réservez au frais jusqu'à la dégustation.

Pour
4 personnes

Préparation
1 h 30

Temps de repos
3 heures

Temps de cuisson
45 minutes

LA RECETTE
EN VIDÉO

INGRÉDIENTS

• Huile verte
- 25 cl d'huile de pépins de raisin
- ½ botte de ciboulette

• Chips transparente
- 1 grosse pomme de terre à chair farineuse (variété Agria par exemple) soit 150 g
- ½ gousse d'ail
- 2 branches de thym
- ½ échalote
- 1 c. à c. de noix de muscade
- 20 g de fécule de pomme de terre
- 25 cl d'eau
- Sel

• Gratin
- 4 pommes de terre à chair farineuse (variété Agria par exemple) soit 600 g
- 1 l de lait
- 1 l de crème liquide
- 5 gousses d'ail
- 6 branches de romarin
- 1 c. à c. de noix de muscade
- Sel, poivre

• Sauce champagne
- Crème de cuisson du gratin
- 100 g de Champagne
- 1 pincée de noix de muscade
- 125 g de beurre

USTENSILES
- Un thermomètre de cuisson
- Un mixeur
- Un chinois étamine
- Une plaque recouverte d'un tapis de cuisson type Silpat®
- Une friteuse
- Une dérouleuse japonaise pour couper les pommes de terre en très fines lanières

Gratin dauphinois

POUR L'HUILE VERTE

Faites chauffer l'huile à 140 °C dans une casserole en vérifiant la température avec le thermomètre de cuisson.
Placez la ciboulette dans le bol du mixeur. Versez l'huile chaude par-dessus (attention aux brûlures) puis mixez très finement. Passez l'huile au chinois recouvert d'un torchon fin pour bien retenir les fibres de ciboulette.

POUR LA CHIPS TRANSPARENTE

Coupez grossièrement la pomme de terre. Dans une casserole, versez la pomme de terre coupée en morceaux, l'ail, le thym, l'échalote, une pincée de sel et la noix de muscade râpée. Faites cuire l'ensemble à feu doux à couvert pendant 45 minutes.
Passez la préparation au chinois étamine. Mélangez avec la fécule de pomme de terre et remuez énergiquement. Étalez finement la pâte sur la plaque recouverte d'un tapis de cuisson. Faites sécher au four à 70 °C pendant 3 heures. Lorsque la pâte est sèche et cassante, faites frire en morceaux à 160 °C. La cuisson est très rapide, il suffit d'un aller-retour.

POUR LE GRATIN

Pelez les pommes de terre et déroulez-les avec une dérouleuse japonaise pour obtenir de très fines lanières de pommes de terre. Reroulez les pommes de terre sur elles-mêmes et déposez-les dans un petit plat de cuisson.
Dans une casserole, faites chauffer le lait, la crème, l'ail, le romarin et la muscade râpée jusqu'à ébullition, puis versez sur les pommes de terre dans le plat.
Enfournez à 180 °C pendant 30 minutes jusqu'à coloration du dessus puis réservez au chaud.

POUR LA SAUCE CHAMPAGNE

Récupérez la crème de cuisson du gratin, faites-la bouillir puis ajoutez le champagne. Assaisonnez avec la muscade, puis montez la sauce au fouet en ajoutant petit à petit des morceaux de beurre dans la sauce tiède pour lui donner de la consistance.

POUR LE DRESSAGE

Déposez un peu de sauce au champagne dans chaque assiette. Ajoutez une pomme de terre gratin par assiette. Décorez d'huile verte. Terminez par la chips.

« La revanche de la transparence ! »

Pour
4 personnes
ou une douzaine
de bonbons arlequin

Préparation
1 heure

Cuisson
2 minutes

LA RECETTE
EN VIDÉO

INGRÉDIENTS

- **Farce**
- 200 g de ciboulette
- 3 gousses d'ail
- 50 g de pistaches
- 400 g de fromage frais type Petit Billy®
- 50 g de crème fraîche liquide
- De l'huile d'olive
- Sel, poivre
- 1 jaune d'œuf pour la dorure qui scelle les ravioles

- **Pâte à ravioles blanches**
- 3 jaunes d'œufs soit 70 g
- 100 g de farine

- **Pâte à ravioles rouges**
- 3 jaunes d'œufs soit 70 g
- 100 g de farine
- 20 fleurs d'hibiscus

- **Pâte à ravioles vertes**
- 3 jaunes d'œufs soit 70 g
- 100 g de farine
- 1 botte de cresson ou de persil

- **Glace au bouillon**
- 5 cl de bouillon de poule
- 50 g de beurre

USTENSILES

- Un presse-ail
- Un mixeur
- Un laminoir à pâtes fraîches
- Une roulette à pâtisserie

Ravioles arlequin au fromage frais

POUR LA FARCE

Passez 3 gousses d'ail au presse-ail, ciselez la ciboulette, concassez les pistaches puis mélangez le tout à l'aide d'une fourchette dans un cul de poule. Ajoutez le fromage frais et la crème fraîche, terminez en ajoutant 3 cuillères d'huile d'olive. Salez, poivrez. Réservez au frais pendant la réalisation des pâtes.

POUR LA PÂTE À RAVIOLES BLANCHES

Sur un plan de travail, versez la farine, faites un puits et ajoutez les 3 jaunes d'œufs. Incorporez délicatement les œufs à la fourchette puis pétrissez à la main jusqu'à obtenir une pâte homogène.

POUR LA PÂTE À RAVIOLES ROUGES

Faites bouillir 50 cl d'eau avec les fleurs d'hibiscus pendant 20 minutes. Retirez les fleurs et laissez réduire l'eau rouge à feu moyen jusqu'à ce qu'elle soit sirupeuse.
Sur un plan de travail, versez la farine, faites un puits, ajoutez les 3 jaunes d'œufs et la réduction d'hibiscus. Incorporez délicatement les œufs et la réduction d'hibiscus à la fourchette puis pétrissez à la main jusqu'à obtenir une pâte homogène.

POUR LA PÂTE À RAVIOLES VERTES

Faites blanchir le cresson dans une casserole d'eau bouillante salée. Refroidissez rapidement dans une eau glacée. Égouttez-le bien puis pressez-le pour retirer un maximum d'eau. Mixez le cresson.
Sur un plan de travail, versez la farine, faites un puits, ajoutez les 3 jaunes d'œufs et la purée de cresson. Incorporez délicatement les œufs et la purée de cresson à la fourchette puis pétrissez à la main jusqu'à obtenir une pâte homogène.

POUR CRÉER LES RAVIOLES EN FORME DE BONBONS ARLEQUIN

À l'aide d'un laminoir, étalez les pâtes séparément sur 1 à 2 mm d'épaisseur.
Découpez 6 carrés de pâte de chaque couleur. Superposez les carrés de pâtes en alternant les couleurs.

Coupez en bandes de 2 cm de largeur. Posez-les sur le côté pour bien voir toutes les couleurs. Juxtaposez 2 bandes l'une à côté de l'autre en les collant avec un peu de jaune d'œuf battu. Repassez au laminoir pour obtenir une bande arlequin de 1 à 2 mm d'épaisseur.

Mettez la pâte arlequin à plat sur le plan de travail, partie étroite devant vous. Déposez un peu de farce, roulez la pâte sur la farce puis badigeonnez un peu de jaune d'œuf sur toute la longueur. Roulez de nouveau pour sceller les pâtes entre elles puis coupez-la avec une roulette à pâtisserie. Pincez avec vos doigts autour de la pâte pour façonner la forme des bonbons. Répétez l'opération avec le reste des ingrédients.

POUR LA GLACE

Faites fondre le beurre dans une poêle avec le bouillon de poule et réservez au chaud.

POUR LA CUISSON

Dans une casserole, faites chauffer une grande quantité d'eau avec un peu de sel. Plongez les ravioles dans l'eau pendant 2 minutes puis retirez-les à l'écumoire. Glacez les ravioles dans le beurre fondu ou à l'aide d'un pinceau avant de servir.

CŒUR

— Si j'arrive à toucher le **cœur** des gens avec mes recettes, pour moi, c'est **gagné** ! —

Pour
4 personnes

Préparation
30 minutes

Temps de cuisson
14 minutes

INGRÉDIENTS

- **Pour l'appareil à soufflé**
  - 30 g de pignons de pin
  - 1 gousse d'ail
  - 250 g de lait
  - 1 botte de basilic
  - 90 g de jaunes d'œufs
  - 40 g de glucose atomisé
  - 25 g de farine
  - 50 g de parmesan râpé
  - 150 g de blancs d'œufs
  - Beurre pour les moules
- **Pour le dressage**
  - Du parmesan

USTENSILES

- Une plaque de cuisson
- Un mixeur avec cuve
- 4 moules à soufflé
- 1 râpe fine type Microplane®

Soufflé pesto

POUR L'APPAREIL À SOUFFLÉ

Préchauffez le four à 160 °C. Répartissez les pignons de pin sur la plaque de cuisson, faites-les torréfier pendant 7 minutes, puis retirez du four et laissez refroidir complètement. Augmentez la température du four à 180 °C pour la cuisson des soufflés.
Dans une petite casserole, déposez la gousse d'ail avec un peu d'eau. Portez à ébullition, retirez du feu et laissez la gousse refroidir en dehors de l'eau. Puis hachez-la finement.

Faites chauffer le lait dans une casserole, puis versez-le dans la cuve du mixeur avec le basilic et mixez pendant 3 minutes.
Fouettez les jaunes d'œufs et le glucose dans une casserole, ajoutez l'ail haché puis la farine. Mélangez bien et terminez en ajoutant le lait chaud.
Faites cuire à feu doux, jusqu'à ce que la pâte épaississe. Ajoutez le parmesan, mélangez et laissez refroidir le tout.

Au batteur, montez les blancs d'œufs en neige sans les serrer.
Dans un cul de poule, mélangez les deux préparations délicatement à l'aide d'une maryse pour ne pas casser les blancs et ajoutez en même temps les pignons de pin torréfiés.

Au pinceau, du bas vers le haut des moules, beurrez deux fois successivement les moules à soufflé.
Versez l'appareil à soufflé dans les moules jusqu'en haut. Avec le doigt, essuyez tout le tour de chaque moule. Enfournez pour 7 minutes.

POUR LE DRESSAGE

À la sortie du four, râpez le parmesan sur chaque soufflé et servez immédiatement.

Pour
4 personnes

Préparation
20 minutes

Temps de cuisson
20 minutes

Temps de séchage
2 heures

INGRÉDIENTS

• Ressorts et lamelles de salsifis
- 2 gros salsifis
- 20 g de fleur d'hibiscus déshydratées

• Saint-Jacques
- 4 coquilles saint-jacques
- 50 g de sel fin
- 20 cl d'eau
- 40 g de beurre
- 10 cl de Noilly Prat®
- 20 cl de crème liquide

USTENSILES
- Une friteuse
- Un crayon à papier ou un tube japonais
- Une plaque recouverte d'un tapis de cuisson type Silpat®
- Un mixeur plongeant
- Un chinois étamine

Saint-jacques salsifis

POUR LES RESSORTS DE SALSIFIS

Lavez les salsifis. Préchauffez la friteuse à 130 °C.
À l'aide d'un épluche-légumes, détaillez de longues bandes de salsifis. Faites-les frire à 130 °C pendant 2 minutes. Enroulez-les autour d'un crayon à papier ou d'un tube japonais. Déposez-les délicatement sur la plaque recouverte du tapis de cuisson et faites-les sécher à 70 °C au four pendant 2 heures.

POUR LES LAMELLES DE SALSIFIS À L'HIBISCUS

Pour chaque noix de saint-jacques, détaillez quatre lamelles de salsifis de 2 mm d'épaisseur et de la longueur des noix.
Faites cuire ces lamelles dans de l'eau bouillante salée avec les fleurs d'hibiscus jusqu'à ce qu'elles soient fondantes, soit environ 15 minutes.

POUR LES NOIX DE SAINT-JACQUES

Ouvrez chaque saint-jacques. Retirez la coquille supérieure. Laissez la noix accrochée dans la coquille du bas. Retirez le corail et réservez-le.

Mélangez l'eau, le sel et faites tremper les coquilles garnies des noix 4 minutes dans l'eau salée puis rincez-les à l'eau claire.
Au couteau, faites trois ou quatre incisions sur la face supérieure des noix.

Détaillez chaque corail en 3. Dans une petite casserole, faites fondre le beurre, ajoutez les morceaux de corail et laissez-les colorer à feu moyen, puis versez le Noilly Prat® pour déglacer les sucs.
Faites réduire la sauce à feu doux, ajoutez la crème, et retirez du feu. Avec le mixeur plongeant, mixez puis passez l'ensemble au chinois étamine.
Une fois la sauce bien mixée, ajoutez à nouveau un bouchon de Noilly Prat® et mélangez.

POUR LE DRESSAGE

Préchauffez le four à 180 °C. Dans les incisions des noix, insérez les lamelles de salsifis rouges. Enfournez pour 5 minutes.
Servez la coquille entière avec un peu de sauce au corail chaude versée autour de la noix et déposez par-dessus un ressort de salsifis.

« La recette qui impressionne
la famille pour les fêtes ! »

Pour
4 personnes

Préparation
20 minutes

Temps de cuisson
3 minutes

INGRÉDIENTS

• Noix de coco
- 3 noix de coco
- 20 gouttes d'extrait naturel de coco
- 50 g de neige carbonique
- 200 g de grains de café

• Farce King Crab
- 1 combawa
- 1 citron vert
- 6 feuilles de livèche
- 200 g de chair de King Crab ou de crabe
- 40 g de fromage frais type Philadelphia®

• Caviar café
- 150 g de café expresso (environ 3 tasses à café)
- 50 g d'eau de coco
- 1 pincée de sel
- 2 g d'agar-agar
- 330 ml d'huile de pépins de raisin

USTENSILES
- Une mandoline
- Une boîte de conditionnement
- Une râpe fine type Microplane®
- Une pipette ou une seringue ou une petite cuillère
- 4 petites boîtes de caviar vides (ou à commander neuves sur Internet)

Caviar café, King Crab coco

PRÉPARATION

Ouvrez les noix de coco en deux et conservez l'eau. Avec l'une des trois noix, réalisez de fins copeaux à la mandoline.

POUR LA FARCE KING CRAB

Zestez le combawa à la Microplane®. Pressez le jus du citron vert. Hachez la livèche. Dépiautez et vérifiez qu'il n'y a pas de cartilage dans la chair de crabe.
Dans un bol, mélangez la chair avec le fromage frais, les zestes de combawa, le jus de citron et la livèche. Réservez au frais.

POUR LE CAVIAR CAFÉ

Dans une casserole, faites bouillir le café avec l'eau de coco et le sel. Ajoutez l'agar-agar et faites cuire pendant environ 3 minutes. Versez l'huile froide dans un bol.
À l'aide de la pipette réalisez des billes en faisant couler le café dans l'huile froide. Attendez 2 minutes puis sortez les billes de l'huile à l'aide d'une écumoire.

POUR LA FINITION ET LE DRESSAGE

Faites chauffer l'eau de coco dans une petite casserole et réservez au chaud.
Dans une demi-noix de coco, déposez des grains de café. Récupérez une ancienne boîte de caviar. Dans le fond, dressez la farce King Crab, puis le caviar café sur le dessus.
Dans le fond d'une assiette creuse, disposez quelques morceaux de neige carbonique, puis des copeaux de noix de coco. Déposez une demi-noix de coco avec la boîte de caviar par-dessus.
Faites couler un peu d'eau de coco chaude avec quelques gouttes d'extrait de coco sur la neige carbonique.

Pour
4 personnes
ou une vingtaine
de sphères

Préparation
20 minutes

INGRÉDIENTS

• Sphérification à la truffe
- 25 g de truffe
- 30 cl d'eau
- 3 g d'alginate de sodium
- 400 g de lait ribot
- 1 c. à s. d'huile de truffe
- 1 pincée de sel

• Salade de palmiste
- 3 cœurs de palmier
- 10 g de truffe
- 2 cl d'huile de noisette
- Sel, poivre

Sphérification de lait ribot

POUR LA SPHÉRIFICATION À LA TRUFFE

Hachez la truffe très finement en petits cubes de 1 mm de côté.
Dans une boîte, versez doucement l'eau sur l'alginate tout en mélangeant. Laissez reposer 1 minute.
Dans un cul de poule, mélangez le lait ribot, la truffe hachée, l'huile de truffe et le sel. À l'aide d'une cuillère à soupe, faites couler ce mélange dans l'eau en un seul point, il faut que toute la sphère soit immergée.

Laissez reposer 2 minutes dans l'eau puis sortez la sphère et rincez-la dans un bain d'eau claire très délicatement. Répétez l'opération pour former la vingtaine de sphères. Déposez-les sur une assiette recouverte d'un fond d'huile d'olive et réservez au réfrigérateur.

POUR LA SALADE DE PALMISTE

Réalisez une fine julienne avec les cœurs de palmier et la truffe. Assaisonnez avec l'huile de noisette, un peu de sel et de poivre.

POUR LE DRESSAGE

Disposez quelques cuillères à soupe de salade par assiette. Recouvrez chacune délicatement de sphère de lait.

« Un mini cœur coulant simplissime grâce au calcium du lait ribot. »

Pour
4 personnes

Préparation
30 minutes

LA RECETTE
EN VIDÉO

INGRÉDIENTS

- **Guimauve**
- 300 g de sucre
- 95 g de sirop de glucose
- 100 g d'eau
- 11 feuilles de gélatine
- 50 g d'eau
- 137 g de Trimoline®
- 50 g de jus de yuzu
- 20 g de sucre glace pour éviter que la guimauve colle

- **Vulcano**
- 40 cl de Chartreuse®
- Un peu de gros sel au fond

USTENSILES

- Un batteur avec cuve
- Un thermomètre à sucre ou de cuisson allant jusqu'à 110 °C
- Un plat à gratin
- Du papier sulfurisé
- Quelques piques en bois
- 4 verres à fond épais

Guimauve yuzu, vulcano

Versez l'eau, le sucre et le glucose dans une casserole. Mélangez et faites chauffer jusqu'à 110 °C.
Réhydratez la gélatine dans une grande quantité d'eau froide.
Faites légèrement chauffer les 50 g d'eau dans une casserole et ajoutez la gélatine essorée.

Versez la Trimoline® dans la cuve du batteur et fouettez à vitesse moyenne. Ajoutez les deux préparations chaudes et laissez battre jusqu'au complet refroidissement. Ajoutez le jus de yuzu. Donnez un dernier tour de batteur pour répartir le jus.

Recouvrez le fond d'un plat à gratin ou d'un cadre en Inox de papier sulfurisé. Versez la préparation et laissez figer. Détaillez la guimauve en cubes et roulez-la dans le sucre glace pour éviter qu'elle colle.

Répartissez quelques grains de gros sel au fond de chaque verre, puis versez la Chartreuse®. Faites-la flamber en approchant une allumette.
Piquez les guimauves sur des piques en bois et faites griller sur le vulcano à la Chartreuse®.

« Comme un souvenir
des marshmallows
grillés au feu de bois ! »

Pour
8 personnes

Préparation
3 heures

Cuisson
5 minutes

Repos
13 heures

INGRÉDIENTS

- **Ganache yuzu**
- 3 g de gélatine en poudre
- 140 g de chocolat blanc (ivoire)
- 560 g de crème liquide
- 120 g de jus de yuzu

- **Insert fraise**
- 2 g de pectine
- 10 g de sucre
- 4 g de fécule
- 185 g de fraises
- 1 filet d'huile d'olive
- 25 g de kirsch
- 17 g de Trimoline®
- Le zeste de 1 citron vert
- 85 g de jus de fraise
- 115 g de fraises des bois

- **Coque fraise**
- 250 g de chocolat blanc ivoire
- 250 g de beurre de cacao
- 4 g de colorant liposoluble rouge
- 10 g de graines de sésame

USTENSILES

- Un mixeur plongeant
- Film alimentaire
- Un moule en silicone avec des empreintes en forme de demi-sphères de 3,5 cm de diamètre
- Un moule en silicone avec des empreintes en forme de sphères de 4,5 cm de diamètre
- Un thermomètre de cuisson
- Une plaque de cuisson recouverte de papier sulfurisé
- Un pistolet à « chocolat »

Fraisier trompe-l'œil

POUR LA GANACHE YUZU

Réhydratez la gélatine dans de l'eau froide pendant 20 minutes.
Faites fondre le chocolat blanc au four à micro-ondes par tranche de 30 secondes jusqu'à ce qu'il soit souple.
Dans une casserole, faites bouillir la moitié de la crème, puis ajoutez la gélatine égouttée.
Versez progressivement sur le chocolat fondu en émulsionnant. Faites-le en trois ou quatre fois.
Ajoutez le reste de crème froide puis le jus de yuzu. Mixez à l'aide d'un mixeur plongeant. Débarrassez dans un bac hermétique, et filmez au contact, puis laissez reposer 12 heures au réfrigérateur.

POUR L'INSERT FRAISE

Mélangez dans un bol la pectine, le sucre et la fécule.
Dans une casserole, versez les fraises, l'huile d'olive, le kirsch, la Trimoline® et le jus de citron. Faites chauffer à feu moyen et mélangez bien.
Sur la compotée, versez en pluie le mélange pectine/fécule/sucre et continuez la cuisson pendant 2 minutes tout en mélangeant à l'aide d'une cuillère en bois.
Retirez du feu lorsque le mélange commence à former une gelée puis ajoutez le jus de fraise.
Mélangez jusqu'à ce que l'appareil soit homogène et terminez en ajoutant les fraises des bois.
Laissez refroidir à température ambiante pendant 1 heure.

Remplissez une douzaine d'empreintes de moule en demi-sphères de 3,5 cm de diamètre avec la compotée et réservez au congélateur pendant au minimum 2 heures.
Démoulez les demi-sphères congelées, puis remplissez de nouveau les empreintes avec la compotée restante. Redéposez les demi-sphères congelées par-dessus pour ainsi former des sphères complètes.

Réservez au congélateur pendant au minimum 2 heures.

POUR FORMER LA FRAISE

Fouettez la ganache yuzu bien froide puis garnissez aux trois quarts les 12 empreintes sphériques du moule en silicone en demi-sphères de 4,5 cm de diamètre. Disposez un insert de compotée au centre, terminez par un peu de ganache montée si nécessaire pour former une pointe qui sera la queue de la fraise. Placez de nouveau au congélateur pour 1 heure.
Lorsque les sphères sont bien congelées, sculptez-les au couteau pour accentuer la forme de fraise fraîche.

POUR LA COQUE FRAISE

Faites fondre le chocolat de couverture et le beurre de cacao (soit au bain-marie, soit au four à micro-ondes par tranche de 40 secondes). Attention, il ne doit pas dépasser 45 °C. Mixez avec un mixeur plongeant en ajoutant le colorant rouge liposoluble.
À l'aide d'une pique en bois, trempez les fraises dans l'enrobage rouge lorsqu'il est entre 25 et 27 °C (pendant 3 ou 4 secondes).
Attendez que la coque en chocolat durcisse (devienne mat) avant de les manipuler.

Déposez une noix de l'enrobage rouge sur la plaque recouverte de papier sulfurisé pour caler et éviter que les fraises ne roulent. Disposez les fraises enrobées sur la plaque.
Une fois toutes les fraises réalisées, réchauffez l'enrobage jusqu'à 40 °C (au micro-onde par tranche de 10 secondes).
Garnissez un pistolet à chocolat pour velouter les fraises congelées avec ce même enrobage (à 40 °C), en veillant à faire quelques tâches lisses pour donner un effet irrégulier. Videz et rincez bien le pistolet.
À la pince, déposez délicatement des graines de sésame sur les fraises pour encore plus de réalisme.

RÉSEAUX

_ J'adore les réseaux pour **transmettre** mes recettes. Pour le reel du croustillant d'escargot, j'ai 12 millions de vues sur **Instagram** et 21 millions sur **Tiktok**, vous êtes **fous** ! _

Pour
4 personnes

Préparation
45 minutes

Temps de cuisson
1 heure

Temps de séchage
7 heures

INGRÉDIENTS

• Cristalline d'orange
- 1 orange
- 25 cl d'eau
- 125 g de glucose atomisé

• Sorbet abricot rôti
- 450 g d'abricots
- 20 g de beurre demi-sel
- 25 cl d'amaretto
- 1 branche de romarin frais
- 120 g de lait d'amande
- 30 g de glucose atomisé

• Crumble vanille noisette
- 1 gousse de vanille
- 75 g de farine
- 75 g de poudre de noisettes
- 75 g de beurre demi-sel

USTENSILES
- Une plaque recouverte d'un tapis de cuisson type Silpat®
- Une sorbetière ou une turbine à glace
- Du papier sulfurisé

Cristalline orange, glace, abricot rôti

La veille, préparez la cristalline d'orange.

POUR LA CRISTALLINE D'ORANGE

Préchauffez le four à 70 °C. Taillez de très fines tranches d'orange.
Dans une casserole, faites bouillir l'eau et le glucose, puis baissez le feu. Plongez les tranches d'orange dans ce sirop frémissant puis faites cuire environ 5 minutes. Égouttez et étalez sur la plaque recouverte du tapis de cuisson. Faites sécher au four 7 heures à 70 °C.

Le jour même, faites les autres préparations.

POUR LE SORBET ABRICOT RÔTI

Retirez les noyaux et coupez les abricots en deux. Prélevez 325 g d'abricots et faites-les revenir dans une grande casserole avec le beurre pour les colorer. Déglacez avec 20 cl d'amaretto et ajoutez la branche de romarin. Laissez cuire 1 heure à feu moyen.
Récupérez 125 g de cette marmelade d'abricot et mélangez-la avec les 125 g d'abricots crus restants et le reste des ingrédients de la glace.
Mixez-le tout, passez en sorbetière puis réservez ce sorbet au congélateur. Si vous n'avez pas de sorbetière, faites prendre l'appareil à sorbet directement au congélateur. Sortez-le 15 minutes avant la dégustation et mixez la glace juste avant de la servir.

POUR LE CRUMBLE NOISETTE VANILLE

Préchauffez le four à 160 °C. Coupez la gousse de vanille dans la longueur, grattez les grains et mélangez-les dans un cul de poule avec les autres ingrédients. Travaillez à la main pour obtenir une consistance de sable épais avec des morceaux.
Faites cuire ce crumble sur la plaque de cuisson recouverte de papier sulfurisé pendant 25 minutes.

POUR LE DRESSAGE

Déposez du crumble au fond des assiettes, ajoutez une belle quenelle de sorbet par assiette. Terminez en piquant une cristalline d'orange sur chaque sorbet.

VIDEO

- Table -
DES RECETTES

- Index -

1978

- Remerciements -

À ma famille : Mami Yvette, Papi Claude, mon père ❤️, Mama ❤️, Angelina Khezzar, Vincent Steiner, Alix Lincele.

Au chef Michel Roth.

À toute la famille Khezzar 😘

À mon équipe du Bayview et tout particulièrement à Swan Chaize, Mikael Magnan, Lenny Roche, Marceau Poulet, Sonia Singh Gautam, Didier Steudler, Geoffrey Bentrari, Christophe Vandoolaeghe, Charles Tamman, Pablo Pizzaro.

À mes amis : Jordana, Matthieu Saint Lot, le Bof Frère, Mathieu Robin, Garrimawdi, la famille Balde, Mam's, Romanne Bonta, Filou et Nathalie, Pascal et Nathalie Lincele, la famille Lincele, Lilou, Dadou, Aurelie Sow, Sylvie Steiner et André Steiner.

À l'équipe de production de M6 et de Top Chef.

À Julie Schwob, Fanny Ecochard-Martin, la Maison Solar, Claire Payen et Delphine Lebrun.

À Fifou.

Delphine Lebrun remercie Laura Maillard (Nautilus Ceramics) et Amandine Richard pour les prêts de céramique.

Crédits photographiques

Rédaction : Julie Schwob
Photographies de la première de couverture : Mister Fifou
Photographies de la quatrième de couverture : Claire Payen
Typographie du titre de couverture : Fasmer

Direction : Didier Férat
Direction éditoriale : Fanny Ecochard-Martin
Suivi éditorial : *EliLoCom*
Création graphique : Marina Delranc
Préparation de copie, mise en pages et relecture : *EliLoCom*
Photogravure : Chromostyle
Fabrication : Laurence Duboscq

92, avenue de France, 75013 Paris

ISBN : 978-2-263-18544-1
Code éditeur : L18544
Dépôt légal : novembre 2023
Imprimé en Espagne par Egedsa